Gunhild Gutschmidt

Single mit Kind

HERDER / SPEKTRUM

Band 4276

Das Buch

Singles mit Kindern: Selbstbewußt und zufrieden mit ihrem Leben erzählen sie von ihren Erfahrungen. Natürlich geht nicht immer alles glatt, kann es zu Schwierigkeiten im Beruf kommen, wird es schwerer, einen Partner, eine Partnerin zu finden. Und natürlich ist der Alltag nicht einfach zu organisieren: Arbeit, Kinderbetreuung, Einkauf, Freizeit. Schließlich sollen ja alle zu ihrem Recht kommen. Gundhild Gutschmidt läßt unterschiedliche Frauen (und einen Mann) zu Wort kommen, die ihr Leben aktiv in die Hand genommen haben und das für sie Beste daraus machen. Auch wenn die Lebensform „Single mit Kind" nicht immer „freiwillig" gewählt ist, es gibt genügend Lebenschancen, die zu ergreifen sind. Die vielen positiven Beispiele in diesem Buch zeigen, wie eine alternative Lebensform durchaus fröhlich und für alle Beteiligten erfolgreich gestaltet werden kann, so daß Kinder und Mütter bzw. Väter davon profitieren. Gunhild Gutschmidt gibt zahlreiche praktische Hinweise, worauf Frau oder Mann achten sollte, wenn sie oder er in dieser Situation steht. Ein optimistisches und nützliches Buch über und für Singles mit Kindern.

Die Autorin

Gunhild Gutschmidt, Dr. phil., ist Soziologin. Sie hat u. a. einige Jahre lang über veränderte Familienstrukturen gearbeitet und veröffentlicht

Gunhild Gutschmidt

Single mit Kind

Alleinerziehen – wie es die anderen machen

Herder
Freiburg · Basel · Wien

Originalausgabe

Herstellung: Freiburger Graphische Betriebe 1994
Umschlaggestaltung: Joseph Pölzelbauer
Umschlagmotiv: © tony stone worldwide, München 1993
Foto Umschlagrückseite: © Gabriele Kircher
ISBN 3-451-04276-2

Inhalt

Vorwort

Jede dritte Frau ist in dem Zeitraum, bis ihr jüngstes Kind achtzehn Jahre alt ist, mindestens einmal alleinerziehend. In einigen Ländern, z. B. in den USA, ist es jede zweite. Steigende Scheidungsraten und die zunehmende Zahl nichtehelicher Geburten haben in den letzten Jahren bewirkt, daß die Einelternfamilie – zumindest statistisch gesehen – eine etablierte Lebensform geworden ist.

Alleinerziehende sind keine einheitliche Gruppe. Das versteht sich angesichts ihrer großen Zahl von selbst. Nicht einmal „allein"-erziehend sind die meisten von ihnen, im Gegenteil, sie haben oft mehr Miterzieher, als ihnen lieb ist. Sie sind für ihre Kinder allein verantwortlich – das ja, und das meist auch dann noch, wenn sie mit dem Vater des Kindes das gemeinsame Sorgerecht ausüben.

Alleinerziehende sind verschieden: Einige sind glücklich und zufrieden, andere unglücklich und verlassen; einige sind wohlhabend, andere arm; einige sind berufstätig, andere nicht; die einen sind finanziell unabhängig, die anderen können ohne Unterhaltszahlungen vom Ex-Ehemann (oder vom Staat) nicht leben; die einen haben sich – ob sie nun einen Freund haben oder nicht – mit ihrem Kind ein eigenständiges Leben eingerichtet, die anderen betrachten ihre Situation als vorübergehend, als einen Übergang, bis sie einen Partner für die Gründung einer neuen Kleinfamilie gefunden haben. Und zwischen diesen Polen gibt es noch einmal die unterschiedlichsten Schattierungen.

Wer über Alleinerziehende schreibt, muß sich also entscheiden. Wer kommt zu Wort: Arme, Verlassene, Eigenständige, Selbstbewußte oder von allen ein paar? Ich habe mich für die Selbstbewußten entschieden, für sieben Frauen und einen Mann, die ihre Familienform als selbstverständlich betrachten, als gleichwertig mit anderen Familien, mit Vor- und Nachteilen, mit positiven und mit negativen Seiten.

Von vielen Alleinerziehenden unterscheiden sich die Erzählerinnen und der Erzähler dadurch, daß sie ihre Situation reflektiert haben, sich mit ihr auseinandergesetzt, daß sie die positiven Seiten erkannt und sich zunutze gemacht haben. Sie verstehen sich nicht als „Teil" einer vergangenen, gegenwärtigen oder künftigen Partnerschaft, nicht als Eltern-„Teil", sondern sie sind sie selbst, mit eigenen Plänen, eigenen Wünschen, eigenem Lebensstil, auch wenn sie in einer Beziehung zu einem Partner leben. Sie sind Singles – mit Kind!

Ledige Mütter damals

Von den im Jahre 1992 in der alten Bundesrepublik Deutschland geborenen Kindern hatten etwa 12 Prozent eine Mutter, die nicht mit dem Vater verheiratet war, jedes achte Kind also ist nichtehelich geboren. Nichtehelich oder, wie es gelegentlich noch heißt, „un"-ehelich, das war noch bis vor wenigen Jahren ein Stempel, ein Stigma, mit dem zu leben nicht gerade einfach war, nicht für die Mutter und nicht für das Kind.

Ledige Mütter galten noch bis in die frühen siebziger Jahre dieses Jahrhunderts als leichtsinnig, charakterlich wenig gefestigt, unzuverlässig, bestenfalls noch als „hereingefallene", „sitzengelassene" Frauen. Unehelichen Kindern wurden, da von einer Mutter mit diesen nicht gerade erstrebenswerten Eigenschaften geprägt, ebenfalls wenig schmeichelhafte Charakterzüge zugeschrieben: „Uneheliche Kinder haben ein schlechtes Milieu und werden meistens Verbrecher", so eine noch Mitte der sechziger Jahre noch häufig verbreitete Meinung, die nicht nur vom unwissenden Normalbürger, sondern auch von Lehrern und Erziehern geteilt wurde. Während an deutschen Stammtischen Witze kursierten wie: „Schlage nie ein Kind in einer fremden Stadt, es könnte dein eigenes sein" oder Männer auf die Frage wie viele Kinder sie haben, augenzwinkernd antworteten: „Mindestens zwei – aber wer weiß?", traf ledige Mütter und ihre Kinder, besonders in ländlichen Gegenden, die volle Diskriminierung von Nachbarn, am Arbeitsplatz, in der Schule.

Auch der Staat mißtraute ledigen Müttern: Noch bis 1970, bis zur letzten großen Reform des Nichtehelichenrechtes, hatten ledige Mütter keine Vormundschaftsrechte über ihr Kind, sondern sie erhielten diese Rechte erst auf einen besonderen Antrag, den sie beim Jugendamt stellen mußten. Kein Mann im Haus – dann mußte wenigstens der Staat ein wachsames Auge haben! Und so mußte paradoxerweise eine dreißigjährige Lehrerin, die nicht verheiratet Mutter wurde, die Vormundschaft beantragen und dem Jugendamt gegenüber glaubhaft nachweisen, daß sie aufgrund ihrer Bildung und ihrer charakterlichen Eignung in der Lage war, selbst die Rechte ihres Kindes zu vertreten, während eine zwanzigjährige Sonderschulabsolventin und ihr einundzwanzigjähriger Ehemann ohne Schulabschluß, die beide nur mit Mühe lesen und schreiben konnten, bei der Geburt ihres Kindes automatisch die vollen Vormundschaftsrechte erhielten.

Auch damals gab es schon ledige Frauen, die ganz bewußt bei der Geburt ihres Kindes nicht heirateten, die sich nicht von einem Mann abhängig machen wollten, die gut verdienten und sich gegen alle Vorurteile ihrer Umwelt ein respektables Leben erkämpften – sie waren aber wohl eher die Ausnahme als die Regel. Wirft man einen Blick in alte Statistiken, so zeigt sich bis zu Beginn der siebziger Jahre, daß für einen großen Teil der ledigen Mütter die Bedingungen äußerst hart waren: Sie waren im statistischen Durchschnitt sehr viel jünger als die verheirateten Frauen, viele von ihnen hatten noch keinen Beruf gelernt, oder sie waren Angestellte in den unteren Berufsrängen – und entsprechend niedrig war auch ihr Einkommen. Besonders alarmierend war der Unterschied zum Zeitpunkt der Geburt der Kinder: Etwa doppelt so viele ledige wie verheiratete Mütter starben bei der Geburt ihres Kindes, und relativ sehr viel mehr nichtehelich geborene Kinder starben in den ersten Lebensjahren als Kinder von Ehepaaren.

Bei globaler Betrachtung also war eine Frau, die ledig Mutter wurde, in ihrem Leben erheblich mehr Schwierigkeiten ausgesetzt als eine Frau, die bei der Geburt ihres Kindes verheiratet war.

Diese globale Betrachtung täuscht allerdings. Entgegen dem Anschein, daß ledige Mütter per se vom Leben nicht gerade viel zu erwarten hätten, hat sich für viele Frauen, die ihr Kind unverheiratet zur Welt brachten, das Leben mit ihrem Kind ganz anders und keineswegs so bedauernswert, wie dies ihnen zu Anfang prognostiziert wurde, gestaltet. Fragt man ältere Frauen mit inzwischen erwachsenen Kindern, die vor rund dreißig Jahren den damals skandalösen Schritt wagten, ein nichteheliches Kind zu bekommen, wie sie ihre Lebensform heute, als ältere Frauen, betrachten, so klingt die Schilderung alles andere als unglücklich und zu kurz gekommen.

„Ich wollte es unbedingt alleine schaffen"

Brigitte, 60 Jahre, 33jährige Tochter

Sechzig Jahre ist Brigitte M. alt, und sie gehört zu den wenigen Menschen dieses Alters, denen Energie und Unternehmensgeist ebenso anzumerken sind wie Selbstbewußtsein und Zufriedenheit mit dem Erreichten. Ein Gesicht, das zeigt, daß sie sechzig Jahre gelebt hat – ihre Fältchen sind keineswegs nur „Lachfältchen", wie es oft in freundlich gemeinter Beschönigung heißt, sondern ihre Züge zeigen, daß sie ein sechzigjähriges, abwechslungsreiches Leben gelebt hat.

Als sie mit 26 Jahren unverheiratet Mutter wurde, war dies, in der restaurativen Zeit der fünfziger Jahre, in bürgerlichen Familie eine Katastrophe.

Also wenn ich sagen soll, meine Familie, meine Eltern seien „bürgerlich" gewesen, dann ist dies noch eine freundliche Umschreibung. In Wahrheit waren sie ausgesprochen spießbürgerlich. Mein Vater war kleiner Angestellter, meine Mutter Hausfrau, ich habe noch zwei jüngere Brüder. Nach der mittleren Reife habe ich eine Handelsschule besucht und bin dann ins Büro gegangen, so nach dem Motto „Wer schreibt, der bleibt". In den Augen meiner Eltern war ein Beruf nur so eine Art Notfallversicherung. Ihnen steckte ja noch die Nachkriegszeit in den Knochen, als so viele Frauen unversorgt als Kriegerwitwen zurückblieben. Da meinten dann meine Eltern, man müßte wohl für alle Fälle einen Beruf haben, falls der Mann mal stirbt oder so was in der Art. Einen Beruf, in dem man viel Geld verdient, der einem Spaß macht, in dem man so was wie eine Karriere macht, daran war für ein Mädchen kein Denken. Meine jüngeren Brüder haben beide studiert, sind beide Lehrer geworden. Meine Eltern haben sich dafür richtig krummlegen müssen.

Na ja. So toll fand ich das nicht im Büro, aber irgendwie steckte bei mir auch im Hinterkopf: Das ist ja wohl eigentlich nur vorübergehend, irgendwann heiratest du ja doch. Und die Kolleginnen um mich herum, die wurden dann eben auch so nach und nach alle weggeheiratet. Da muß mich wohl so eine Art Torschlußpanik gepackt haben. Einen Mann zum Heiraten hatte ich bis dahin noch nicht gefunden, und ich dachte, das wird ja wohl nun mal langsam Zeit. Ich hatte dann ein Verhältnis, wie man das damals nannte, mit einem Kollegen aus einer anderen Firma, und da merkte ich auf einmal: Ich bin schwanger.

Und als ich das dann dem Heinz, also dem späteren Vater von Frauke, erzählte, da hat der sich so gewunden. Also er hat so blöd reagiert, da dachte ich: ‚Nein, das hast du nicht nötig.' Geheiratet hätte er mich schon, aber da war so wenig Begeisterung, da dachte ich: ‚Was soll aus so einer Ehe dann werden?' Und es war auch nicht gerade so, daß er der Mann meiner Träume gewesen wäre. Aber damals waren die Zeiten ja noch so, wenn ein Mädchen ein Kind erwartete, hat sie ganz selbstverständlich in Panik geheiratet. Wie die nächsten Monate waren, das kann man sich wohl heute kaum noch vorstellen. Erst mußte ich ja meinem Chef sagen, daß ich ein Kind erwarte, wegen der Mutterschutzbestimmungen und so. Das war ein netter älterer Mann, schon fast an der Pensionsgrenze. Und als ich ihm sagte, ich erwartete ein Kind und ich würde wohl auch nicht heiraten, da hat er furchtbar geschluckt und erst einmal gar nichts gesagt. Er schien richtiggehend verstört. Ein paar Tage später, da hat er mich noch einmal zu sich geholt und hat dann noch mal gesagt, es täte ihm ja so leid, und er hätte auch mit seiner Frau darüber gesprochen, und sie meinten, ehe ich das Kind in ein Heim geben würde, da sollte ich es doch lieber zu guten Leuten zur Adoption freigeben. Ich war völlig erschüttert und habe ihm dann gesagt, ich wollte das Kind selbst großziehen und weder in ein Kinderheim geben noch zur Adoption. Da meinte er dann: „Sie werden sich Ihre ganze Jugend, Ihr ganzes Leben damit verderben."

Und meine Mutter, das haben mir meine jüngeren Brüder erzählt, die hat nur noch geweint. Ich wohnte ja damals schon nicht mehr zu Hause, ich hatte ein möbliertes Zimmer in H., wo ich arbeitete.

Mein Vater war ebenfalls ganz daneben. Der wollte sich doch tatsächlich den Heinz vorknöpfen, damit der mich heiratet! Das hab' ich dann bloß noch mit Mühe verhindert. Als er dann merkte, daß ich gar nicht heiraten wollte, da hat er bis zur Geburt von Frauke, mit mir überhaupt kein Wort mehr gesprochen.

Überall begegnete ich Trauermienen. Die Kollegen guckten verlegen weg, denn das hatte sich ja nun doch herumgesprochen, und im Bekanntenkreis tat man krampfhaft so, als sei nichts.

Ich habe dann gedacht: ‚Du mußt jetzt irgendwas organisieren, irgendwas machen, damit du das Kind unterbringst, wenn du arbeitest.' Und eine größere Wohnung brauchte ich ja auch, ich konnte ja mit dem Kind nicht gut im möblierten Zimmer wohnen. Ich bin dann also in die Sprechstunde einer Fürsorgerin gegangen, ich weiß jetzt nicht mehr, war es das Jugendamt oder das Sozialamt oder was, und hab' das erklärt, daß ich ein Kind erwarte, daß ich eine Tagespflege für das Kind brauche, eine Wohnung und so. Da hat sie fast geheult, so leid muß ich ihr getan haben. Für diesen Termin hatte ich mir extra einen Tag frei genommen, da war ich so etwa Anfang des fünften Monats. Ich bin dann wieder abgezogen, die Fürsorgerin sagte, sie würde alles tun, um mir zu helfen, sie hat mit so betretener Stimme zu mir gesprochen, als sei mir ein fürchterliches Unglück passiert.

Und ich weiß noch, das war ein schöner warmer Septembertag, und ich hab' mich dann in eine Eisdiele gesetzt und mir ein riesengroßes Eis bestellt und gedacht: ‚Das kann doch nicht wahr sein! Du bist gesund, du hast Arbeit, du bist schwanger, mit dem Kind ist alles in Ordnung, du fühlst dich sauwohl, und die Leute tun so, als hättest du einen Trauerfall in der Familie.' Da ist also mein ganzer Widerspruchsgeist erwacht, und ich hab' gedacht: ‚So, jetzt erst recht.' Dann bin ich hingegangen und habe mir ein ganz tolles teures Umstandskleid gekauft, das war mir noch viel zu weit natürlich, aber es war richtig schick. Damals kam ja diese Umstandsmode erst so langsam auf. Mit dem Kleid bin ich dann am anderen Tag ins Büro gegangen, und dann konnten sie nicht drumherum, da mußten sie sich natürlich äußern: „Mensch, sehen Sie schick aus" und so. Irgendwie, vielleicht weil ich mich dann auch anders verhalten hab' und meistens auch gut gelaunt war, da haben sich auf einmal die anderen auch anders verhalten, haben gefragt, wie es mir geht, haben mir bei der Wohnungssuche geholfen, aber nicht mehr so in diesem Trauerton, sondern mehr so erwartungsvoll, und daß sie auch gespannt sind, was es für ein Kind wird, ein Junge oder ein Mädchen, und wie es wohl aussieht. Dann kam auch noch mal eine alte Kollegin, also die war Anfang Fünfzig, das kam mir damals schon ziemlich alt vor, die war unverheiratet und kinderlos, und sie sagte zu mir: „Ich kann gar nicht sagen, wie sehr ich Sie beneide!"

Es hat alles ganz gut geklappt, ich hab' noch eine kleine Wohnung gekriegt, so anderthalb Zimmer, da kam ich mir vor wie eine Königin. Geld zum Einrichten hatte ich ja nicht viel, ich mußte jeden Teller, jede Gabel kaufen, und verdient habe ich ja nur wenig. Aber trotzdem, das bißchen, was ich hatte, war meins! Als Frauke dann geboren wurde, da hab' ich sogar Anzeigen verschickt. Das war zu dieser Zeit damals eine regelrechte Provokation, da wurden ja die nichtehelichen

Kinder noch heimlich getauft, nicht im regulären Gottesdienst. Und ich habe Anzeigen verschickt, auf denen stand: Ich freue mich über die glückliche Geburt meiner Tochter Frauke, und darunter mein Name. Nur meiner! So etwas hatten die in der Druckerei noch nie gedruckt.

Meine Mutter, die hat sich wochenlang nicht auf die Straße getraut aus Angst, die Leute könnten sie ansprechen, denn ich hatte die Anzeige an alle Freunde und Bekannte geschickt.

Aber das hat so viel ausgelöst, ich habe so viel Geschenke bekommen, so viel Blumen, so viel Glückwünsche, ich bin heute noch stolz darauf, daß ich das alles so gemacht habe.

Die nächsten Jahre waren natürlich hart. Meine Mutter hatte mir zwar tränenreich angeboten, Frauke zu sich zu nehmen und zu versorgen, weil das Kind ja nichts dafür kann, so wörtlich, aber das hab' ich dankend abgelehnt. Ich wollte es unbedingt allein schaffen, ich wollte Frauke nicht dieser schuldbeladenen Atmosphäre bei meinen Eltern aussetzen, obwohl das alles für mich natürlich bequem und billig geworden wäre.

Ich habe dann eine Tagespflegestelle gefunden. Das war ein teures Vergnügen, und die nächsten Jahre war ich wirklich bettelarm. Aber Frauke ging's gut, sie ging gerne hin, das waren ganz nette Leute, und da waren auch noch andere Kinder in der Familie. Sie hatte dadurch sogar so etwas wie Geschwister. Ich hab' da also unheimliches Glück gehabt, das muß ich schon sagen. Frauke konnte auch später noch hingehen, als sie in den Kindergarten kam und dann in die Schule. Es besteht heute noch ein loser Kontakt zu dieser Familie. Ich selbst konnte mit denen nie richtig warm werden, die hatten mir gegenüber immer so eine etwas herablassend mitleidige Haltung, aber mit Frauke ging es gut.

In meinem Beruf war ich nicht sonderlich zufrieden, und ich hatte mir schon lange Gedanken darüber gemacht, was ich statt dessen machen könnte. Aber irgendwie wußte ich nichts Richtiges, nur manchmal packte mich der Schrecken, daß ich meine restlichen Tage in diesem kleinen Büro verbringen würde.

Da hat sich dann zufällig eine ganz neue Perspektive ergeben: Der Mann meiner Freundin war Schreiner und restaurierte alte Möbel. Er fuhr über Land und kaufte ganz billig, was die Bauern auf ihrem Speicher hatten oder zu Kleinholz verarbeiten wollten. Er restaurierte es dann, möbelte es wieder auf und verkaufte es an die Amerikaner. Die zahlten viel Geld dafür, und so ganz langsam ging das Geschäft auch mit Deutschen los. Jedenfalls hat meine Freundin immer ein bißchen mitgearbeitet, und wenn ich sie besuchte, hatten sie nie Zeit, weil sie ständig irgendwas am Abschleifen und am Aufmöbeln waren. Da hab' ich dann immer mal so mitgemacht, und mir hat das richtig Spaß gemacht So allmählich hab' ich einen Blick dafür gekriegt, welchen Wert die Sachen haben, wie man das macht. Hans-Dieter und Marianne, so hießen die beiden, haben mir viel beigebracht. Ich bin dann manchmal auch am Wochenende oder abends noch mit über Land gefahren, Frauke immer dabei, die fand das ganz lustig. Wir haben dann Möbel ausgesucht, über den Preis verhandelt, das war so praktisch dann mein Hobby. Stück für Stück, ganz allmählich, bin ich in dieses Geschäft mit eingestiegen.

Dann hat es aber noch ein paar Jahre gedauert, bis ich dann selbst ein Geschäft eröffnet habe. Daß ich was von Buchhaltung verstand und meine vielen Jahre im Büro, das hat mir natürlich genützt. Mein Geschäft ging gut, in all den Jahren bin ich zwar nicht gerade reich, aber doch ganz schön wohlhabend geworden. Ich habe jetzt noch zwei Zweigstellen und ein paar Angestellte.

Das mit dem Geschäft war im übrigen auch für Frauke ideal, sie kam nach der Schule immer ins Geschäft, konnte dort mit mir zusammen essen, Schularbeiten machen, sie ist dann praktisch in dem Laden aufgewachsen. Das Geld ist mir nicht gerade zugeflogen, ich habe hart arbeiten müssen – aber was heißt das schon, wenn man die Arbeit gerne tut. Es war wohl für mich genau das Richtige: Ich habe sicher auch von Natur aus einen ganz gesunden Geschäftssinn, das hatte ich früher gar nicht so bemerkt. Und ich kann gut mit Leuten umgehen, ich bin ehrlich, ich bin vertrauenserweckend. Antiquitäten, das hat unheimlich viel damit zu tun, daß die Leute, die Kunden, sich auf einen verlassen können. Da spielt das Image, da spielt auch die Mund-zu-Mund-Propaganda eine ganz große Rolle. Meine gute Menschenkenntnis hat mir natürlich viel genützt, auch bei der Auswahl meiner Angestellten. Auf die muß ich mich ja verlassen können, besonders in den Zweiggeschäften. Da kann ich ja nicht dauernd selbst gucken.

Ich bin stolz auf das, was ich geschafft habe, das gebe ich unumwunden zu. Da kenn' ich auch keine falsche Bescheidenheit. Niemals hätte ich mir vorstellen können, mein ganzes Leben in dieser Firma zu verbringen. Daß es alles viel Arbeit war, na gut. Was heißt das auch schon? Wenn man die Arbeit gerne macht, wenn sie einem Spaß macht, dann schaut man nicht auf die Uhr. Und natürlich macht es auch was aus, daß man Erfolg hat. Ja, da gab es schon Zeiten, die waren hart, da hatte ich auch oft ein schlechtes Gewissen. Besonders als Frauke noch jünger war, habe ich manches Mal gedacht: ‚Vielleicht solltest du das alles doch nicht machen mit dem Geschäft, das Risiko ist doch viel zu groß.' Oder es passierten so Sachen: Zum Beispiel bin ich da abends noch spät in ein Dorf gefahren, um mir was anzusehen, und auf dem Rückweg hatte ich dann eine Panne. Das war elf Uhr nachts. der Schreck, die Angst: ‚Wenn dir jetzt was passiert' und Frauke war ja allein zu Hause, sie war da gerade im ersten Schuljahr, zwar schon ziemlich vernünftig, sie wußte auch, daß ich unterwegs war, wußte auch, wohin ich gefahren war. Aber trotzdem. Ich bin dann in der Nacht gar nicht mehr nach Hause gekommen, ich mußte in einem Gasthof übernachten, hab' natürlich kein Auge zugetan und mir bloß vorgestellt, wie sie dann aufwacht und niemand ist in der Wohnung. Damals hatten wir noch kein Telefon. Anfang der sechziger Jahre war das ja noch lange nicht so wie heute eine Selbstverständlichkeit. Ich habe dann morgens um sieben Uhr Nachbarn angerufen, ihnen gesagt, sie möchten Frauke Bescheid geben, daß ich eine Panne hätte und erst im Laufe des Vormittags nach Hause käme. Also sie hat wirklich ganz toll, ganz ruhig reagiert. Sie hat sich mit ihren knapp sechs Jahren ganz alleine fertiggemacht und ist zur Schule gegangen und war sogar pünktlich.

Ich konnte schon stolz sein auf meine Tochter. Es ist klar, daß sie sehr selbständig geworden ist. Trotzdem, natürlich hatte ich immer ein schlechtes Gewissen, obwohl sie wirklich gut versorgt war tagsüber. Als ich dann öfter abends mal weg mußte, hab' ich sie manchmal, besonders am Wochenende, mitgenommen, und ihr hat das auch richtig Spaß gemacht. Alles in allem war eigentlich kein Grund zu denken, daß sie irgendwie zu kurz käme.

Heute denke ich, das war ganz richtig, daß ich es genauso und nicht anders gemacht habe. Was hätte Frauke von einer Mutter gehabt, die dauernd frustriert einer Arbeit nachgeht, die ihr keinen Spaß macht! Und so ein Kind wird ja, wenn man es im nachhinein sieht, sehr schnell auch älter. Ich hätte mich mein Leben lang in einem ungeliebten Beruf herumgeärgert, und mein Kind wäre längst aus dem Haus gewesen und eigene Wege gegangen. Damit hätte ich niemandem genützt.

Ich bin da auch für einen ganz gesunden Egoismus. Irgendwann, denke ich, machen die Leute das doch ihren Kindern unterschwellig zum Vorwurf, wenn sie ihretwegen ihr ganzes Leben vermurkst haben. Auch die jungen Frauen heute, die Alleinerziehenden, die da alle von Sozialhilfe leben und sagen, sie können nicht arbeiten oder es wäre besser für ihre Kinder, wenn sie zu Hause blieben. Ob die damit wirklich ihren Kindern einen Gefallen tun, möchte ich bezweifeln. Was ist das für ein Leben, wenn das Kind der einzige Lebensinhalt ist! Da kann ich nur sagen: „Das arme Kind!“ Und heute gibt es für Frauen doch so viele Möglichkeiten, etwas Gescheites zu lernen, jeder kann studieren, jeder kann den Beruf lernen, der ihm paßt – das ist doch ganz anders als früher, als die Eltern einfach sagten: „Du machst das und das, und damit basta.“ Früher, da war das oft einfach eine Frage des Geldes, ob man Abitur machen und an die Uni konnte. Gut, heute muß man das BAföG auch zurückzahlen, aber immerhin gibt es so etwas überhaupt.

Und noch etwas zum Thema Arbeit fällt mir ein. Da kam neulich eine Frau, die mochte vielleicht so Mitte Fünfzig gewesen sein. Sie fragte, ob ich mir mal ein paar Möbel von ihr ansehen wollte, sie möchte die gerne verkaufen. Na, dann kam raus, daß ihr Mann vor ein paar Jahren gestorben war und sie jetzt eine kleine Witwenrente hat und sich nur so mit Ach und Krach durchs Leben schlägt. deshalb mußte sie jetzt auch die Sachen verkaufen, weil sie damit ein bißchen ihr Geld aufbessern wollte. Sie hat mir so was vorgejammert, so mit einem Seitenblick, so unausgesprochen: „Sie haben's ja gut mit Ihrem Geschäft und Ihrem Geld, aber ich, als arme alleinstehende Frau, wie steh' ich da, nur mit dieser kleinen Witwenrente.“

Innerlich hat mich da schon der Zorn gepackt. Die Frau war noch nicht einmal so alt wie ich, und die sitzt seit ewig im Ruhestand. Ich habe sie dann gefragt, ob sie denn nicht mal wieder daran gedacht hätte zu arbeiten, schließlich hatte sie mal Krankenschwester gelernt, und man hört doch so viel jetzt vom Pflegenotstand. „Ach du lieber Himmel, nein“, jammerte sie rum, jetzt ist sie doch schon so alt und schon so lange raus, und es nimmt sie ja doch keiner. Sie hat ja nie arbeiten können, sie hatte doch Mann und Kind zu versorgen, und früher war das ja doch nicht so üblich, daß eine verheiratete Frau gearbeitet hat.

Da dachte ich so im stillen: ‚Du dumme Nuß, üblich war es vielleicht nicht zu arbeiten, aber verboten war es ja auch nicht gerade.‘ Die hat ihr Leben lang auf diesem einen Kind gesessen und sitzt jetzt da und will Mitleid haben. Irgendwann, meine ich, ist das Kind ja auch schon größer gewesen, da hätte sie doch wenigstens mal was probieren können.

So was macht mich unbeschreiblich wütend. Auch das

ganze Gerede jetzt von der Armut, die weiblich ist. Sicher, heute gibt es Arbeitslosigkeit, das weiß ich auch. Aber wenn ich sehe, daß so viele junge Frauen sich regelrecht in die Halbtagesstellen reindrängeln oder gar nicht erst arbeiten, weil sie keine Halbtagsstelle bekommen, die sollen doch dann später nicht herumjammern, daß ihre Rente so klein ist, das wissen die doch alles schon längst vorher.

Irgendwann, denke ich, bekommt man eben die Quittung. Und als die Frau bei mir so herumjammerte, dachte ich: ‚Na ja, früher, wenn du deinen Kaffeeklatsch gehalten hast, dann hab' ich eben gearbeitet, und deshalb geht's mir auch jetzt besser, ich fühle mich besser, ich bin wichtig und ich habe eine Aufgabe!'

Das ist ja übrigens noch das Tolle, wenn man so einen Laden hat: Ich brauche keine Angst davor zu haben, irgendwann einmal pünktlich mit dem 65. Lebensjahr ohne Arbeit dazustehen. So langsam, wie ich die ganze Geschichte angefangen habe, kann ich mich im Alter auch wieder hinausschleichen. Ich werde immer soviel arbeiten, wie ich kann, und ich werde mir soviel Freizeit nehmen, wie möglich und wie ich Lust habe. Ich reise gerne, auch jetzt. Ich will mir schließlich nicht alles fürs Alter aufheben. Letztes Jahr zum Beispiel waren Bernd und ich sechs Wochen mit dem Wohnwagen durch Australien. Also das ist schon was!

Ob ich jemals ans Heiraten gedacht habe? Nun, ich hab' ja schließlich nicht nur gearbeitet! Da gab es schon den einen oder anderen, und mancher war wirklich nett. Aber irgendwie stimmte immer etwas nicht, heute denke ich, eigentlich habe ich es wohl nie so recht gewollt, so ein normales Familienleben, Vater, Mutter, zwei Kinder. Letztlich war das wohl nicht mein Ziel, wenn mir das auch so eigentlich nie bewußt gewesen ist, jedenfalls nicht in jüngeren Jahren. Da hab' ich schon manchmal gedacht: ‚So eine richtige Familie, das wäre doch schön!'

Aber immer wenn sich so etwas ernsthaft anbahnte, hatte die ganze Geschichte einen Haken. Da war zum Beispiel einmal jemand, den habe ich eine Zeitlang gut gekannt, wir waren eng befreundet. Er wäre so etwas wie eine „gute Partie" gewesen. Er war Arzt, hatte ziemlich viel Geld, und für eine ledige Mutter wäre so jemand ein Traummann gewesen. Aber da waren dann so Kleinigkeiten, die mich unheimlich gestört haben. Er machte schon Pläne, wie ich ihm in seiner Praxis helfen könnte, und natürlich wollte er auch noch Kinder, mindestens noch eins, und das klang dann so, als sei ich ihm wenigstens ein Kind schuldig, wenn er schon so gnädig ist und mich mit Frauke nimmt. Danach habe ich mich dann so Stück für Stück verdünnisiert.

Und bei einem anderen Mann, den habe ich kennengelernt als Frauke neun war. Da war es dann wieder so ähnlich. damals lief ja schon mein Geschäft langsam an, und das hat er dann nur für eine Spinnerei gehalten. Er selbst hatte eine ziemlich hohe berufliche Position, und meinte, er brauchte eine gutaussehende Frau zum Repräsentieren. deshalb sollte ich mich sogar noch geschmeichelt fühlen.

Irgendwann kam dann der Punkt, da wußte ich zumindest eines sicher, daß ich keine weiteren Kinder mehr wollte. Ich wollte einfach nicht zwei verschiedene Kinder, eins, mit dem ich die harte Zeit durchgemacht hatte, und ein anderes, das sozusagen im weichen, konservativen Nest aufwächst. Ich war ja inzwischen auch so selbständig und unabhängig geworden, daß ich mich überhaupt nicht hätte anpassen können. Damals die Männer, die waren alle noch ziemlich autoritär und hatten so die Vorstellung, daß eine Frau ihretwegen alles gleich aufgeben müßte und nur noch für sie das Heimchen am Herd spielen sollte. Das wäre dann sowieso nichts mehr für mich gewesen. Nun ja, so bin ich dann alleine geblieben, ich hatte hin und wieder mal jemanden, aber eigentlich nichts Festes.

Ich hatte auch oft so das Gefühl, daß das die Männer ziemlich abgeschreckt hat, so eine selbständige, unabhängige Frau mit einem Kind, und die dann nicht in Sack und Asche geht. Damals las man oft noch in den Heiratsanzeigen: Junger

Mann, gutes Einkommen, sucht Frau. Und jetzt kommt's: Kind kein Hindernis. Also irgendwie kamen die sich großzügig vor, wenn sie einen mit Kind genommen haben. Ich glaube auch jetzt noch, daß die Frauen das früher oder später aufs Butterbrot geschmiert bekamen. Nein danke, das wäre nichts für mich gewesen.

Heiraten will ich nicht. Bernd und ich leben jetzt seit elf Jahren zusammen, hier in dem großen Haus ist ja viel Platz. Er ist fünfzehn Jahre jünger als ich. Mit einem gleichaltrigen Mann könnte ich mir das Leben überhaupt nicht vorstellen. Die sind alle so festgefahren, so bequem, so langweilig, ein sechzigjähriger Mann, ich meine, der ist ein Greis. Na, vielleicht gibt's Ausnahmen, ich will ja nicht ungerecht sein. Jedenfalls lebt es sich mit einem jüngeren Mann besser, der Meinung bin ich ganz fest. Die Ehepaare in meinem Alter, die Frauen, die dann oft sogar noch viel ältere Männer haben, also beneiden tu' ich die nicht.

Bernd hat offenbar keine Probleme mit einer selbstbewußten Frau, sonst hätte er sich ja ein Mäuschen suchen können. Er sieht gut aus, hat ein geregeltes eigenes Einkommen und wenn er so lange bei mir bleibt, wird er schon was an mir finden. Andererseits: Ich könnte auch wieder alleine leben. Ich habe einen großen Bekanntenkreis und meine Arbeit, ich würde mich nicht verkriechen. Und dadurch, daß bei uns der Altersunterschied so groß ist, hat sowieso jeder sehr viel Eigenständigkeit bewahrt.

Wenn ich es mir alles in allem so durch den Kopf gehen lasse, dann kann ich schon zufrieden sein. Frauke ist Ärztin geworden, sie hat jetzt vor kurzem eine eigene Kinderarztpraxis aufgemacht. Ihr ging es so ähnlich wie mir, sie sagt: „Ich kann nicht gut einen Chef über mir haben, ich mache mich lieber selbständig."

Das einzige, was ich wirklich vermisse, was ich echt bedaure, das ist, daß ich jetzt keine Enkel habe. Meine Tochter, die ist ja nun auch nicht mehr die Jüngste, und sie lebt nun schon so lange mit ihrem Freund zusammen, aber sie scheint keine Kinder zu wollen. Da denke ich manchmal: Ob ich vielleicht doch ein schlechtes Beispiel war? Andererseits aber gibt es so viele junge Frauen heute, die aus ganz normalen Familien kommen und die auch keine Kinder haben. Das muß wohl nicht unbedingt etwas heißen. Schade, ich hätte schon gerne Enkel gehabt. Aber alles kann man wohl nicht haben. Immerhin habe ich eine ganze Menge, und ich denke, ich habe mehr erreicht als die meisten Menschen meines Alters. Bernd ist natürlich die Liebe meines Lebens. Ehrlich. Als wir uns kennenlernten, da war er Anfang Dreißig und hat gerade sein zweites juristisches Staatsexamen gemacht, ich war Mitte Vierzig. Frauke machte gerade das Abitur. Gleich beim ersten Mal, als ich Bernd sah, wußte ich: Das ist er. Er war, und er ist immer noch so, wie ich mir einen Mann wünsche: intelligent, attraktiv und lieb. Natürlich dachte ich zuerst, das kann wohl nichts werden bei dem Altersunterschied. Deshalb haben wir auch ein paar Jahre gewartet, bis wir dann zusammengezogen sind. Ob die Leute geredet haben? Und wie! Aber das hat sich ganz schnell gegeben. Was gibt es da auch zu reden.

Im Laufe des Lebens lernt man ja eine Menge über die Leute. Manche haben es mir nicht gegönnt, daß es mir gut ging. Das habe ich oft zu spüren gekriegt, auch in meiner Familie. Die dachten wohl, wenn sie schon so aus der Reihe tanzt und ein uneheliches Kind kriegt, dann soll sie wenigstens klein und demütig sein und warten, bis ein lieber Mann sie heiratet. Als ich das dann alles so selbst in die Hand genommen habe, das konnten mir wohl manche nicht verzeihen, besonders solche Frauen, die in irgend so einer miesen Ehe herumhingen und nur wegen des Geldes noch bei ihrem Alten bleiben.

Aber es gab auch viele, die sich wirklich echt mit mir gefreut haben, richtige Freunde, dich mich unterstützt und beraten haben, die immer wieder gesagt haben: „Du schaffst das schon." Und auf diese Menschen kam es ja letztlich auch nur an.

Ledige Mütter heute

Es hat sich vieles verändert in den letzten dreißig Jahren. Wie groß die Veränderungen gerade bei Frauen sind, die ledig Mutter werden, wird deutlich, wenn man sich einige Zahlen vor Augen führt:

– Heute wird jedes achte Kind nichtehelich geboren, in Großstädten ist es oft sogar jedes sechste. Vor dreißig Jahren war es nur jedes zwanzigste Kind.

– Etwa 30 Prozent der ledigen Mütter leben mit dem Vater des Kindes nicht verheiratet zusammen. Dies war vor dreißig Jahren noch völlig undenkbar.

– Das Durchschnittsalter lediger Mütter bei der Geburt ihres ersten Kindes unterscheidet sich heute kaum noch von dem verheirateter Mütter. Ledige minderjährige Mütter, die vor dreißig Jahren noch recht häufig waren, gibt es heute nur noch selten. Dagegen ist der Anteil der ledigen Mütter, die älter als 28 Jahre sind, stark angestiegen.

– Auffallend ist, daß ledige Mütter heute höhere Schul- und Ausbildungsabschlüsse haben, nicht nur als früher, sondern auch als andere Mütter ihrer Altersklasse. Es gibt mehr ledige Mütter mit Abitur als verheiratete Mütter, und es gibt auch mehr ledige Mütter mit Hochschulabschluß als verheiratete Mütter.

– Weit seltener als früher, sind ledige Mütter dagegen erwerbstätig. Dies hängt zum einen mit der hohen Zahl der ledigen Mütter, die noch im Studium sind, zusammen, zum anderen aber auch damit, daß es heute, anders als vor dreißig Jahren, für ledige Mütter die Möglichkeit gibt, Sozialhilfe zu beziehen und in den ersten Lebensjahren des Kindes zu Hause zu bleiben.

Ledige Mütter sind also heute definitiv in einer anderen Situation, als es die Frauen in der Zeit waren, aus der Brigitte erzählt, wenn sie mit dem Stigma „ledige Mutter" leben mußten. Nicht, daß es heute keine Ungerechtigkeiten und keine Probleme mehr gäbe. Trotzdem: Ledige Mütter haben sich in den letzten Jahren eine Anerkennung und einen Status erkämpft, von dem die Frauen aus Brigittes Zeit nur träumen konnten.

Dies liegt sicherlich nicht zuletzt daran, daß ein beachtlicher Teil der ledigen Mütter heute einer ganz neuen Gruppe von Müttern angehören: Sie sind älter, sie haben einen Berufsabschluß, sie sind erwerbstätig und haben zumindest ein mittleres Einkommen, und die Tatsache, daß sie nicht verheiratet sind und ein Kind haben, ist weder für sie selbst noch für ihre Umgebung von dramatischer Bedeutung. Sie sind ledig und haben ein Kind – na und?

„Ich habe dann meinen eigenen Sohn adoptiert"

Maria, 35 Jahre, 10 jähriger Sohn

Auch für Maria, Bankangestellte mit zehnjährigem Sohn, ist daran nichts Besonderes:

Nein, im Gegenteil, meine Familie war begeistert, als mein Sohn geboren wurde. Die waren ja heilfroh, daß ich seinen Vater nicht geheiratet habe. Ich habe viel Unterstützung durch sie – da haben wir auch Glück, daß meine Leute hier in unserer Nähe wohnen. Ich weiß schon zu schätzen, wie Peter und ich dadurch privilegiert sind. Und mein Freundeskreis? Was soll die daran stören? Klar, mit Kind leb' ich anders, als wenn ich keines hätte. Aber Leute, die sich darüber aufregen, die mich deshalb diskriminieren würden, weil ich eine ledige Frau bin mit einem Kind, die können mich mal. Die würden mich ja auch wegen irgendwelcher anderer Sachen nicht leiden können, wegen meiner politischen Überzeugung oder wegen sonst was. Mit solchen Leuten hab' ich, ehrlich gesagt, keinen Kontakt; da liegen ja Welten zwischen deren und meinen Überzeugungen. Ich bin jetzt fünfunddreißig da weiß man wo's langgeht. Beruflich hab' ich keinen besonderen Ehrgeiz. Ich arbeite dreißig Stunden in der Woche bei der Bank, mein Lebensunterhalt ist gesichert, ich bin damit natürlich nicht reich, aber auch nicht arm. Für mein Leben, für meine Freizeitbedürfnisse, auch für Reisen reicht es. Bei mir war das mit der Teilzeitarbeit eine Frage der Lebensqualität. Ich mache so viele Dinge mit meinem Sohn zusammen, wir haben einen Wohnwagen am See, da fahren wir im Sommer viel hin, wir haben viele Freunde, auch Leute mit Kindern. Das ist mir wichtiger, als in der Bank herumzusitzen. Wenn ich etwas erreichen will, dann ist es nicht so sehr auf beruflicher Ebene. Um eine Karriere zu machen, wäre ich so voll eingebunden, da bliebe für mich nicht mehr viel übrig.

Das heißt aber nicht, daß ich nur ein Freizeitmensch bin. Ich habe zum Beispiel sehr viel im Elternbeirat mitgearbeitet, und ich mache viel im Verband alleinstehender Mütter und Väter. denn wenn ich mich als alleinerziehende Frau auch wirklich sehr wohl fühle, so heißt das nicht, daß es nicht da noch ganz viel zu verändern gäbe, besonders in politischer Hinsicht: So ärgere ich mich zum Beispiel immer wieder darüber, daß ich so viel mehr Steuern zahle wie mein verheirateter Kollege, dessen Frau Hausfrau ist. Das läßt sich in meinen Augen durch gar nichts rechtfertigen, das ist eine ganz offene Diskriminierung. Und auch die Situation bei der Kinderbetreuung hier in der Stadt, daß man so schwer einen Kindergartenplatz findet, und wenn die Kinder in der Schule sind, daß es fast überhaupt keine Ganztagesschulen gibt und so gut wie keine Hortplätze, das ist schon alles sehr ärgerlich, und da muß man was ändern. Das sind Dinge, für die ich mich engagiere, für die ich Zeit und Kraft aufwende. Aber nicht für die Bank. Dort arbeite ich, um mein Geld zu verdienen, ich mache meine Arbeit gut, aber das ist nicht mein Leben.

Maria ist mit ihrem Leben zufrieden. Sie wohnt mit ihrem Sohn alleine, nicht weil sie grundsätzlich etwas gegen eine Beziehung hätte, sondern weil es sich für sie nicht anders ergeben hat. Sie ist selbstbewußt, sie ist zufrieden, sie hat verläßliche Freundinnen und Freunde, sie verdient ihren Lebensunterhalt, sie setzt sich für politische Veränderungen ein, ihr Leben ist ausgefüllt.

Da hab ich schon oft von verheirateten Kolleginnen gehört: „Irgendwie, manchmal beneide ich dich richtig. Du kannst dir das alles so einteilen, wie du willst, hast niemanden dabei, der noch irgendwelche Ansprüche an dich stellt."

In einem ist Maria eine Ausnahme: Sie hat einen sehr ungewöhnlichen Schritt getan, sie hat ihr eigenes, leibliches Kind adoptiert. Sie hat damit einen Schritt getan, der sich für die meisten Menschen völlig unsinnig anhört, ja kaum jemand weiß, daß es diese Möglichkeit überhaupt gibt. Adoptieren kann man doch nur ein fremdes Kind, so die landläufige Meinung.

Warum adoptiert eine Frau das Kind, das sie selbst geboren hat?

Der § 1741 Absatz 3 des Bürgerlichen Gesetzbuches, der dies ermöglicht, war viele Jahre lange in Vergessenheit geraten. Ursprünglich war er entstanden, um Töchtern des Bürgertums, die nicht verheiratet Mutter wurden, wieder einen anerkannten gesellschaftlichen Status zu verschaffen, und die „Schande" der Unehelichkeit von dem Kind zu nehmen. Denn, was heute wie ein Kuriosum anmutet, war damals, als Nichtehelichkeit für Mutter und Kind noch das gesellschaftliche Aus bedeutete, für manche Frauen der Rettungsanker: Mit der Adoption durch die eigene Mutter wurde das Kind ehelich. Mutter und Kind hatten damit einen Status, der in etwa dem einer verwitweten Frau mit ihrem Kind oder dem von Adoptivmutter und Adoptivkind entsprach: zwar nicht so ganz „normal", aber wenigstens nicht unehrenhaft.

Frauen wie Maria, die heute ihre eigenen Kinder adoptieren, sind an der mit der Adoption verbundenen Ehelicherklärung nicht mehr interessiert. Sie wollen nicht ihren Status aufbessern, geben sich weiterhin als ledige Mutter zu erkennen. Die Gründe sind ganz andere.

Der wichtigste Grund: Mit der Adoption tritt eine entscheidende Veränderung im Rechtsverhältnis des Kindes zu seinem Vater ein. Wie bei einer „richtigen" Adoption erlöschen alle verwandtschaftlichen Rechtsbeziehungen des Kindes zu dem leiblichen Vater. Zum Beispiel erlischt das Besuchsrecht des Vaters, das Kind hat keine Erb- oder Erbersatzansprüche mehr gegenüber ihm, es erhält auch keinen Unterhalt mehr.

Wenn der Vater des Kindes aus einem Land kommt, das das Vaterrecht über das Mutterrecht stellt, wie katholische oder islamische Länder, ist dies zum Beispiel ein Grund für Mütter, eine Adoption des Kindes zu beantragen. Sie befürchten Querelen mit dem Rechtsgefüge dieser Länder, die dann zu Lasten ihres Kindes und zu ihren eigenen Lasten gingen.

Ein weiterer, wichtiger Grund liegt im materiellen Bereich. Seit der letzten großen Reform des Nichtehelichenrechtes im Jahre 1970 gab es eine entscheidende Veränderung: Bis zu diesem Zeitpunkt galt das nichteheliche Kind nicht als verwandt mit seinem Vater. Seit 1970 ist es nun mit ihm verwandt, nicht nur in biologischem, sondern auch in juristischem Sinne. Dies brachte viele Vorteile, besonders im Erb- und im Unterhaltsrecht, brachte zwangsläufig aber auch einen Nachteil mit sich: Wie bei ehelichen Kindern ist nicht nur der Vater gegenüber dem Kind, sondern bei einer eventuellen Notlage auch das Kind gegenüber seinem Vater unterhaltsverpflichtet. Wenn der Vater zum Beispiel Arbeitslosenhilfe oder Sozialhilfe beantragt, kann es möglich sein, daß das nichteheliche erwachsene Kind zum Unterhalt herangezogen wird. Viele Mütter befürchten, daß da auf ihre Kinder einiges zukommen wird.

Auch bei Maria spielten diese materiellen Überlegungen eine Rolle, wenn sie auch nicht der einzige Grund dafür waren, daß sie sich vor zwei Jahren dazu entschloß, ihren Sohn Peter zu adoptieren.

Als wir uns damals getrennt hatten, war mir von Anfang an klar, daß sich sein Vater niemals um Peter kümmern würde, weder finanziell noch persönlich. Verantwortung in welcher Form auch immer würde er nicht übernehmen. Bis auf einige Monate Ausnahme hat Peter auch keinen Unterhalt bekommen. Es haben dann auch nie Zweifel daran bestanden, daß ich selbst alleine die gesamte Verantwortung tragen und alle Kosten übernehmen würde.

Allerdings hatte ich immer schon eine Befürchtung: Peters Vater lebt in ziemlich schwierigen finanziellen Verhältnissen, und wie ich die ganze Sache so übersehe, wird sich daran wohl nichts mehr ändern. Da habe ich mir oft überlegt, was passiert nun, wenn Peter später mal arbeitet und sein Vater eine staatliche Unterstützung braucht? Peter ist sein nächster Verwandter, außer ihm hat er keine Kinder. Er muß also für ihn aufkommen, und das möchte ich ihm auf jeden Fall ersparen. Ich habe dann meinen eigenen Sohn adoptiert.

Als ich nun zum Jugendamt ging und mich danach erkundigte, was ich unternehmen müßte, um meinen Sohn selbst zu adoptieren, da guckten sie mich an, als würde ich spinnen. Sie hatten bis dahin noch nie davon gehört, daß es so was überhaupt gibt. Und als ich ihnen das dann auch mit den Gründen auseinanderlegte, daß ich Peter nicht mit einer solchen Belastung später ins Berufsleben schicken wollte und daß ich mit der Adoption wirklich meine Verhältnisse klarstellen möchte, da hatten sie erst mal überhaupt kein Verständnis.

Sie suchten mich dauernd zu beruhigen. Mit dem Geld, da brauchte ich mir gar keine Gedanken zu machen, das sei ja wohl in Peters Fall grob unbillig.

Aber da habe ich mich dann nicht beruhigen lassen. Mir werden die ledigen Väter inzwischen zu selbstbewußt. Wer hätte zum Beispiel vor ein paar Jahren noch daran gedacht, daß es ernsthaft ein Gesetz geben würde, das Vätern, wenn sie mit der Mutter nicht verheiratet waren, trotzdem ein Recht einräumt, gegen den Willen der Mutter das Kind zu besuchen, wann immer es ihnen paßt? Wer hätte sich vor ein paar Jahren diese große Kampagne träumen lassen, die Väter jetzt durchführen, um sich in das Leben der Mütter ihrer Kinder einzumischen, bloß weil sie es nicht verkraften können, daß die Frau sie damals nicht geheiratet hat? Gut, es gibt Väter, die wirklich unter der Trennung vom Kind leiden, sicher gibt es auch Frauen, die da ihre „Macht" ausspielen wollen und den Mann das Kind nicht sehen lassen. Daß es in solchen Fällen, in denen die Mutter weiß, daß der Vater gut mit dem Kind umgeht und sich beide gut verstehen trotzdem dann das große Gezerre vor Gericht gibt, das halte ich, ehrlich gesagt, eher für die Ausnahme. Denn welchen Grund sollte eine ledige Mutter haben, das Kind vom Vater fernzuhalten, wenn die Vater-Kind-Beziehung in Ordnung ist?

Na, das nur nebenbei. Gegen einen Besuch Peters bei seinem Vater hätte ich nie was gehabt, darum ging's also gar nicht. Sein Vater hat sich ja von sich aus nicht gekümmert.

Bei meinen Überlegungen, Peter zu adoptieren, ging es um etwas anderes: Wenn die Staatskassen leer sind, das merkt man ja jetzt schon, dann wird überall überlegt, wo man einsparen und wie man Sozialhilfeempfänger abwimmeln kann. Ich kann nicht in die Zukunft sehen, aber meine bisherigen Erfahrungen geben mir genug Anlaß zu Mißtrauen. Die Verhältnisse, die Gesetze können sich schnell ändern, und ich möchte bezweifeln, daß sie sich zugunsten der Frauen und der Kinder ändern. Dazu ist die Väterlobby viel zu stark.

Ich wollte klare Verhältnisse. Sein Vater hat sich niemals um ihn gekümmert, hat sich kein einziges Mal für ihn interessiert. All die Jahre hat er deutlich gezeigt, daß er nicht Vater sein will, daß ihm sein Sohn herzlich egal ist. Mit der Adoption stelle ich nur einen juristischen Zustand her, der unserer Realität, unserem Familienleben längst entspricht.

Ich möchte gegenüber der Behörde, gegenüber der Umgebung klarstellen: Ich selbst bin die alleinige Verantwortliche für mein Kind. Ausgesucht hab' ich es mir so nicht; wenn der Vater Verantwortung übernommen hätte, hätte ich sie ihm liebend gern eingeräumt, aber er hat die Entscheidung getroffen, und ich ziehe die Konsequenzen. Ich habe keine Lust, ständig gegenüber Behörden lange Erklärungen abzugeben.

Meine Freundin war mir neulich noch ein warnendes Beispiel. Ihre Tochter hat vor einem Vierteljahr mit dem Studium angefangen, sie ist auch ein nichteheliches Kind und hat in ihrem ganzen Leben keinen einzigen Pfennig Unterhalt vom Vater bekommen. Nun hat sie BAföG beantragt und sollte doch tatsächlich die Einkommensbescheinigung ihres Vaters vorlegen! Sie wußten überhaupt nicht mehr, wo der sich aufhält. Das ganze Theater mit eidesstattlicher Erklärung und Hin und Her, und der BAföG-Antrag ist immer noch nicht bearbeitet! Das finde ich alles so mies, so was möchte ich Peter ersparen. Übrigens mir auch, denn meine Freundin muß ja schließlich jetzt noch den Lebensunterhalt fürs Studium ihrer Tochter vorstrecken.

Ich finde also, mit der Adoption ordnet man seine Verhältnisse. Man nimmt dem Vater, der wirklich kein Vater sein will, die Verantwortung auch offiziell ab, die er sich immer geweigert hat zu übernehmen.

Also, wie gesagt, beim Jugendamt bin ich erst mal auf totale Verblüffung gestoßen, und dann hat man versucht abzuwiegeln. In einem dritten Schritt, das möchte ich doch noch mal erzählen, weil es mich unheimlich tief getroffen hat, da hat man versucht, mir einzureden, ich würde dem Kind den Vater nehmen. Das hat mich nun ganz besonders geärgert, denn schließlich hab' ich Peter nicht den Vater genommen, sondern sein Vater ist ja selbst aus Peters Leben verschwunden. Da fragten sie mich dann: „Ja was wollen Sie denn dann sagen, wenn Ihr Sohn Sie dann fragt: ‚Wer ist denn überhaupt mein Vater?'" Und dann hab' ich ihnen geantwortet: „Ich habe Bilder von seinem Vater, ich weiß, wo sein Vater wohnt, ich weiß, wer sein Vater ist, er hat ja seinen Vater auch schon ein- oder zweimal gesehen, der Mann ist ja nicht gestorben, der ist doch auch nicht aus unserer Erinnerung weg. Ein paar meiner Freundinnen kennen ihn noch von früher. Was soll das ganze Gerede davon, wie ich das meinem Sohn erklären will, was ich ihm sagen will, wer sein Vater ist, und daß ich ihm den Vater wegnehmen würde? Ich nehme ja schließlich nichts und niemanden weg! Ich verbrenne keine Bilder, ich lösche nichts aus, ich tu' auch nicht so, als hätte es diesen Vater nie gegeben."

Eigentlich halte ich das für eine unglaubliche Ironie, sogar für einen Zynismus, ausgerechnet mir zu sagen, mit der Adoption würde ich dem Kind den Vater nehmen, und Peters Vater läuft ohne irgendwelche geringsten Gewissensbisse durch die Gegend und hat ein Kind, tut aber so, als hätte er keins. Und niemand macht ihm auch nur den geringsten Vorwurf!

Na ja, ich wollte ja erzählen, wie das Ganze vor sich geht. Zuerst einmal, das sagte ich schon, war überall die große Verblüffung und Verwunderung, weil man das nicht kannte. Nachdem man sich dann erst mal erkundigt hatte – ich hatte von der Möglichkeit gelesen und hab' dann auch die Informationen beigesteuert, die ich hatte -, also nachdem man sich ein bißchen kundig gemacht hatte, kamen dann erst mal die vorhin zitierten Bedenken. Besonders der zuständige Amtspfleger hat sich da ziemlich ins Zeug gelegt und war ganz und gar gegen die Adoption. Peter hatte ja, wie alle nichtehelichen Kinder, einen Amtspfleger, ich hatte die Amtspflegeschaft bis jetzt auch noch nicht aufheben lassen. Nun werden in dem Adoptionsverfahren die Interessen des Kindes eben durch jenen Amtspfleger wahrgenommen. Und Peters Amtspfleger war also ganz und gar dagegen, er ist ein vehementer Vertreter des Vaterrechts, auch aus privaten Gründen, wie ich später erfuhr. Er hätte ein Gutachten erstellen müssen, aber aufgrund seiner Überzeugung weigerte er sich. Mich hat das zwar ziemlich empört, aber er hatte eben seine feste Überzeugung, und da konnte man auch nichts machen.

Ich hab' mich dann erkundigt, was ich statt dessen machen könnte. Ich habe mich bei einem Anwalt beraten lassen, der zwar auch noch nie etwas davon gehört hatte, der sich dann aber mit der Problematik sehr interessiert auseinandergesetzt hat und meine Gründe gut nachvollziehen konnte. Ich habe dann erfahren, daß ich die Amtspflegschaft aufheben und statt dessen einen „Ergänzungspfleger" bestellen konnte. Dies sollte eine Person meines Vertrauens sein, die dann praktisch die Rolle übernimmt, die der Amtspfleger gehabt hätte. Man riet mir aber ausdrücklich, möglichst niemanden aus meiner Verwandtschaft zu nehmen, da dies doch zu parteilich aussähe. Ich habe dann eine langjährige Bekannte, eine Sozialarbeiterin, gefragt, ob sie diese Aufgabe übernehmen würde. Ihr mußte ich nichts mehr erklären, sie kannte mich ja und meine Verhältnisse. Ich habe dann auch erfahren, daß der Vater des Kindes nicht gefragt wird, ob er in die Adoption einwilligt. Bei Peters Vater hätte ich mir allerdings vorstellen können, daß er mit Freuden seine Unterschrift geleistet hätte, denn von dem Tag an ist er ja auch offiziell jede Verpflichtung zum Unterhalt los. Es lief letztlich unkompliziert wie bei einem normalen Adoptionsverfahren: Die Adoptionsstelle forderte Familienbuch, Abstammungsurkunden und Gesundheitszeugnisse von Peter und mir, und von der zuständigen Adoptionsstelle kam eine Sozialarbeiterin zu uns nach Hause. Sie hat sich lange mit Peter unterhalten, auch mit mir, aber hauptsächlich mit Peter, und hat dann ein Gutachten geschrieben.

Peter und ich mußten gar nicht mehr selbst vor Gericht erscheinen, es wurde einfach nach Aktenlage entschieden. Vorher hatte ich bereits gehört, daß der Richter solchen Adoptionsanträgen sehr positiv gegenübersteht. Ich glaube, das war auch der Grund, weshalb das dann nachher ganz schnell und unkompliziert über die Bühne ging. Von andern Leuten habe ich ja gehört, daß es da noch mal Schwierigkeiten geben kann. Ein Notar beurkundet dann schließlich die Adoption, und für das ganze Verfahren habe ich einschließlich der Notariatskosten, am Schluß ganz genau 95,74 DM bezahlt. Ich kann niemanden erzählen, wie erleichtert und wie glücklich ich war, als ich dann die Adoptionsurkunde in den Händen hielt. Jetzt war ein Kapitel meines Lebens endgültig abgeschlossen. Es war ein so erleichterndes, ein so befreiendes Gefühl, das kann man sich kaum vorstellen. Das war schon merkwürdig, denn eigentlich hatte sich ja bei uns soviel dadurch gar nicht geändert. Aber es ist irgendwie gut zu wissen, daß die Verhältnisse in Ordnung sind.

Für Mütter, die sich eine Adoption ihres Kindes überlegen, sei hier jedoch darauf hingewiesen, daß es Fälle gibt, in denen gewichtige Gründe gegen ein solches Vorhaben sprechen. Die sind meist auch Gründe, die das Gericht bewegen, einen Adoptionsantrag abzulehnen:

Wenn Sie nicht selbst in der Lage sind, für den Lebensunterhalt Ihres Kindes zu sorgen und voraussichtlich für längere Zeit von Sozialhilfe abhängig sein werden, würden Sie mit dem Adoptionsantrag dem Kind die Möglichkeit nehmen, Unterhalt vom Vater einzufordern. Dies wäre nicht nur gegen das Interesse Ihres Kindes, sondern auch gegen das Interesse der Sozialbehörde.

Auch wenn der Vater immer regelmäßig und in voller Höhe den Unterhalt für das Kind gezahlt hat, ist von einer Adoption des Kindes im Normalfall abzuraten. Denn mit dieser Adoption nimmt die Mutter dem Kind diese Unterhaltszahlungen. Unterhalt ist aber ein Rechtsanspruch des Kindes. Die Mutter kann nicht im Namen des Kindes darauf verzichten. Auch hier wird normalerweise ein Gericht nicht zustimmen.

Wenn von Vaterseite her eine Erbschaft oder ein größeres Vermögen zu erwarten ist, würde eine Adoption dem Kind ebenfalls schaden. Denn damit würde es praktisch enterbt.

Auch wenn es schon Auseinandersetzungen um das Besuchsrecht gegeben hat, liegt der Gedanke nahe, daß die Mutter mit der Adoption dem Vater eins auswischen will. Zumindest wird das Gericht eine solche Absicht hinter dem Adoptionswunsch entdecken und hellhörig werden.

Noch auf eines sei hingewiesen: Wer die öffentliche Diskussion um eine bevorstehende neue Reform des Nichtehelichengesetzes verfolgt hat, weiß, daß das Ziel dieser Reform sein soll, nichteheliche Kinder rechtlich weitgehend den ehelichen gleichzustellen. Kritische Beobachter, wie zum Beispiel der Verband alleinstehender Mütter und Väter, aber auch engagierte Juristinnen, bemerken allerdings bei der Sichtung von Entwürfen und Plänen eine Tendenz, die eher dahingehend zu deuten ist, daß der nichteheliche Vater und der eheliche Vater gleichgestellt werden sollen. Für diese Befürchtung spricht auch, daß mit der Reform geplant ist, die Adoption des nichtehelichen Kindes allein durch die Mutter ganz abzuschaffen. Begründet wird dies jedoch nicht etwa mit dem Recht des Vaters, sondern mit dem Recht des Kindes auf seinen Vater – eine Begründung, die wie Marias Argumente zeigen, völlig unsinnig ist, da, ob mit oder ohne Adoption, Tausende von Vätern aus dem Leben ihrer Kinder verschwinden, ohne daß das Kind ein Recht oder auch nur eine Möglichkeit hätte, seinen Vater in die Verantwortung zu nehmen. In einem Fall allerdings, so plant der Gesetzgeber, soll die Adoptionsmöglichkeit erhalten bleiben, nämlich für den Fall, daß die Mutter heiratet und „eine richtige Familie" gründet. Der neue Vater also soll, wie bisher auch, die Möglichkeit behalten, das Kind zu adoptieren und als „sein eigenes" großzuziehen. Adoption also nur noch , wenn ein Mann im Haus ist?

„Alleinerziehend, das sind für mich die Frauen meiner Kollegen"

Monika, 39 Jahre, 7jährige Tochter

Kind und Karriere lassen sich nicht vereinbaren – heißt es. Jedenfalls nicht bei Frauen. Tatsache ist, daß Frauen in gehobenen und hohen Berufspositionen selten verheiratet sind und noch seltener Kinder haben – und wenn sie Kinder haben, meist nur eins – und sind zudem dann nicht verheiratet.

Dagegen sind Männer in höheren Berufspositionen fast ausschließlich verheiratet, haben mindestens zwei Kinder, meist sogar mehr. Für sie lassen sich also Kinder und Beruf problemlos verbinden.

Frauen, die ein Kind haben und trotzdem beruflich weiterkommen wollen, müssen sich etwas einfallen lassen, und sie haben sicher auch nicht gerade ein bequemes und ruhiges Leben. Aber es gibt Frauen, die diese Anstrengungen auf sich nehmen – und sich dabei durchaus nicht als leidend und bedauernswert empfinden.

Einen Abstrich von der Normalideologie „Ein Kind braucht so viel Mutter wie eben möglich" müssen sie allerdings machen: Wer höhere berufliche Ambitionen hat, kann sein Kind nicht ausschließlich, auch nicht überwiegend, selbst betreuen und erziehen. Beruflich ambitionierte Mütter müssen „Miterzieherinnen" suchen – und sie müssen sie natürlich auch bezahlen, was für viele ein tiefes Loch in das Monatsbudget reißt.

Trotzdem scheint sich für einige Frauen dieser Einsatz zu lohnen und, wie die Ausführungen von Monika zeigen, auch für ihre Kinder.

Also alleinerziehend bin ich nicht! Ich mag das Wort nicht. Es ist einfach daneben. Wer erzieht denn schon sein Kind allein? Da erziehen die Lehrer, die Freunde und zum Beispiel bei Urte, auch die Tagesoma mit. Ich hab' wohl allein die Verantwortung, aber ich kann nicht sagen, daß ich mich dadurch grad besonders belastet fühlen würde. Alleinerziehend, das sind für mich die Frauen meiner Kollegen! Die sitzen den ganzen Tag mit ihren Kindern zu Hause, und die Männer kümmern sich einen Dreck. Die gehen auf Geschäftsreise, die machen Überstunden bis in die Puppen, ob sie Kinder haben oder nicht. Da erzähl' mir mal einer was von alleinerziehend! Ich bin jetzt Ende Dreißig und Urte ist sieben. Ich habe eine gute Stelle, ich verdiene gut, und das sind sicher auch privilegierte Bedingungen. Und wir haben wirkliche eine ganz tolle Kinderbetreuung: Ella, sie ist über sechzig und für Urte eine richtige Oma. Das war ein Riesenglücksfall, daß wir uns gefunden haben! Ella wohnt hier in der Nähe, sie hat nur eine kleine Rente, und da kam der Job als Tagesmutter für sie genau richtig: Sie ist von Anfang an bei uns gewesen, sie ist ins

Haus gekommen und hat Urte dann, je nachdem, mal zu sich mit nach Hause genommen oder ist mit ihr spazierengegangen. Sie hat Kleinigkeiten im Haushalt erledigt. Sie ist so ein mütterlicher Mensch, Urte hängt sehr an ihr, eigentlich mehr als an der richtigen Oma.

Natürlich kostet mich das eine Stange Geld, aber das ist es mir wert! Ich könnte in meinem Beruf nie richtig voll arbeiten, wenn ich nur auf Kindergarten oder Kindertagesstätte zurückgreifen müßte.

Eigentlich habe ich Sozialpädagogik studiert, ein typisches Frauenstudium also. Das war mehr so eine Verlegenheitslösung gewesen, weil mir, ehrlich gesagt, nach der Schule nichts Rechtes einfiel. Da dachte ich: ‚Sozialpädagogik ist vielseitig, da gehst du vielleicht in die Erwachsenenbildung oder so.'

Na ja, und dann war ziemlich bald klar, dieses Studium führt schnurstracks in die Arbeitslosigkeit. Entsprechend war's auch bei mir. Da habe ich dann ein halbes Jahr so herumgewurschtelt, mit Projekten, Frauenhausinitiativen, so was in der Art. Und dann wußte ich: ‚Das ist auf Dauer nichts für dich.' Und dann wurde vom Arbeitsamt eine Zusatzausbildung angeboten für arbeitslose Lehrer, Pädagogen und so, das war dann eine Art Managementausbildung, und da wußte ich: ‚Das ist das Richtige.' Trotzdem habe ich erst mit siebenundzwanzig eine erste feste Stelle bekommen, und das war auch nicht gerade ein Traumjob. Grad mal so was wie eine bessere Sekretärin. Aber das mit dem Hocharbeiten funktionierte dann doch tatsächlich, wenn auch erst ziemlich langsam. Ich habe dann hier mal was und da mal was zusätzlich übernommen, und so habe ich mir doch innerhalb der Firma eine ganz anerkannte Position verschafft. Es kam mir auch sehr zugute, daß ich fließend Englisch und Französisch spreche, da war ich, gerade was Französisch anbelangt, der König im Revier. Ich habe dann noch mal gewechselt. Wenn man einmal drin ist, dann ist das auch nicht mehr so schwierig, etwas Interessantes zu kriegen.

Ein Einbruch war das dann allerdings, als ich schwanger wurde, und was für einer! Ich war ja nun wirklich nicht mehr die Jüngste und in der Firma auch kein Neuling mehr, aber trotzdem: Von dem Tag an, als meine Schwangerschaft bekannt war, wurde ich praktisch mehr oder weniger auf ein Abstellgleis geschoben! Und auch als ich gesagt habe, daß ich nach vier Monaten wieder voll arbeiten wollte – vier Monate hatte ich gedacht, die wollte ich mir gönnen -, also auch dann wurde mir praktisch mehr oder weniger die Ernsthaftigkeit stillschweigend abgesprochen. Und das, obwohl man mich jahrelang gekannt hatte und wußte, daß ich wirklich gut bin! Überall so die Sprüche: „Na ja, wenn Sie dann ein Kind haben, können Sie dann überhaupt?" und so. Und als mein Bauch dicker wurde, da sagt doch einer: „Ja, wollen Sie denn jetzt auch noch an der und der Sitzung teilnehmen?" Da sag' ich: ‚Ja wen das so wär', daß alle mit dicken Bäuchen nicht mehr an Sitzungen teilnehmen könnten, dann gäb's wohl kaum noch Sitzungen!' Na, sie haben gelacht, aber so ein kleines Mißtrauen blieb. Die kannten das wohl auch nur so von ihren Frauen, daß sie als Schwangere dauernd geschont werden mußten. Bei mir lief da wirklich auch alles normal. Ich hatte überhaupt keine Probleme, obwohl ich ja schon so alt war und man sagt, daß es mit dem Alter schwieriger ist. Das einzige, was mich damals immer wieder auf die Palme gebracht hatte, das war, wenn irgend jemand in meiner Nähe geraucht hat. Dann mußte ich immer gleich das Fenster aufreißen! Daß ich überhaupt schwanger wurde, das war die größte Überraschung meines Lebens. Ich habe immer gedacht, ich würde überhaupt nie ein Kind kriegen. Ich hab' nie irgendwas gemacht mit Verhütung und so, weil mir ganz früher mal, da war ich so Anfang zwanzig, ein Arzt etwas von verklebten Eileitern erzählt hat. Und da habe ich dann gedacht: Das ist ja wohl kein Schaden, und mit Kinderkriegerei hatte ich's nicht so eilig. Und später, da war irgendwie nie so ein Zeitpunkt, daß ich dringend eins hätte haben wollen. Also Kinder, das ist bei mir in

Gedanken, in meiner Zukunftsplanung überhaupt nie vorgekommen. Als ich dann feststellte, meine Tage bleiben aus, da war ich erst mal baff. Dann dachte ich: ‚Du liebe Zeit, das wird ein Fiasko!' Also heute kann ich drüber sprechen. Mein erster Gedanke war: ‚Das geht nie und nimmer. Das Kind kriegst du nicht!'

Dann habe ich gegrübelt und gegrübelt, ich habe nächtelang wachgelegen und gedacht: ‚Was machst du jetzt?' Ich habe zwei enge Freundinnen, mit denen habe ich mich auch beraten. Eine von ihnen hatte damals ein fünfjähriges Kind, aber sie war verheiratet. Ja, und erstaunlicherweise war sie es, die mir eher abgeraten hat: „Ein Kind ist ein Ballast", sagte sie, „auch wenn man es noch so gern hat. Eine Frau ist mit einem Kind total gebunden, das wirft dich um Jahre zurück."

Meine andere Freundin hat sich da schon mehr in mich reindenken können. Die hat mir dann auch auf den Kopf zugesagt: „Du freust dich ja schon drauf, also was soll das Gerede?!" Und so war's auch tatsächlich.

Urte war übrigens ein Kind aus einer Zufallsbekanntschaft, da war keine große Liebe gewesen, kein Drama oder sonst etwas. Ihr Vater hat das wohl mehr als sein persönliches Pech angesehen, und als ich es ihm dann geschrieben habe, rief er mich dann an und meinte: „Daß so was aber auch passieren mußte!" Nun, die Vaterschaft hat er dann problemlos anerkannt, und er zahlt jetzt den Mindestsatz Unterhalt. Er müßte eigentlich mehr zahlen, aber dann hätte ich wirklich ein sehr dummes Gefühl.

Gut, ich weiß natürlich auch, daß die Einstellung eigentlich nicht richtig ist, denn es ist ja Urtes Geld und nicht meins. Na schön, das ist ein Standpunkt. Dagegen kann man natürlich sagen, daß er sich völlig sicher gewesen war, wie ich mir ja übrigens auch, daß ich kein Kind kriege. Ich denke, so ist es fair: Er wollte kein Kind, ich wollte kein Kind. Daß ich Urte dann bekommen hab', war allein meine Entscheidung. Der Unterhalt, den er jetzt zahlen muß, tut ihm nicht weh, das ist nur ein Klacks für ihn. Ich habe ihn also nicht reingelegt oder so was.

Er hat übrigens überhaupt kein Interesse an Urte. Wir haben ihn einmal getroffen, da war ich mit Urte zufällig in M., und wir haben uns in einem Café verabredet. Da war Urte fünf. Da hab' ich gesagt: „Sie mal, Urte, das ist dein Vater", und sie haben sich ganz nett unterhalten, aber alles so ein bißchen hilflos, und das war's dann auch schon.

Ja, wenn Urte jetzt unbedingt den Wunsch hätte, da denke ich schon, daß man sich noch mal treffen könnte. Es ist ja kein Groll da oder so was, eigentlich mehr so Gleichgültigkeit. Das hat ja schließlich auch seine guten Seiten. Wenn ich sehe, was bei manchen für ein Zoff wegen Besuchsrecht und all den Ansprüchen herrscht, die jetzt auch nichteheliche Väter an ihre Kinder stellen, und wie sich die Mütter da herumärgern müssen, da kann ich nur froh und glücklich sein, daß ich damals zufällig jemanden erwischt habe, der sich kein bißchen einmischt. Er hat auch kein Interesse, mir das Leben schwer zu machen. Das war eben der Vorteil, daß wir uns überhaupt nur flüchtig kannten. Wäre das so eine richtige Beziehungskiste geworden, dann hätte es wohl anders ausgesehen.

Ja, ich denke, ich habe wohl schon mehr als ein Jahr gebraucht, um in der Firma meinen alten Status wiederzugewinnen. Und ich hatte schließlich nur vier Monate ausgesetzt. Hart war das schon, besonders wenn Urte dann nachts nicht durchgeschlafen hat, wenn man aufstehen mußte, kaum ein Auge zugetan hatte und am anderen Morgen wieder im Büro voll dasein mußte. Ich erinnere mich noch, daß ich in der ersten Zeit ständig völlig übermüdet war. Trotzdem tut es mir nicht leid, daß ich es so gemacht habe. Hätte ich den vollen Erziehungsurlaub genommen, dann hätte ich einpacken können. Dann nimmt einen kein Mensch mehr ernst. Das geht vielleicht noch bei einer Behörde oder bei Beamten, aber in der freien Wirtschaft geht das nicht, jedenfalls dann nicht, wenn man noch irgend etwas erreichen will. Ich weiß nicht, ob es ein Nachteil war, daß ich in dieser Zeit keinen Partner hatte. Nun, wenn ich von meiner Idealvorstellung ausgehe, dann ist ein Partner jemand, der auch mal nachts aufsteht, der alles mitorganisiert, der sich Gedanken macht, die Wäsche wäscht. Wenn ich also meine Idealvorstellungen von Partnerschaft zugrunde lege, dann ist es sicher alleine schwerer gewesen. Wenn ich mich aber umgucke, wie das in vielen Partnerschaften wirklich läuft, kann ich nur sagen: Feine Partner sind das, die Männer! Da gehen sie dann mit zur Schwangerschaftsgymnastik, gut, da ging eben meine Freundin mit. Zunächst sieht das also bei den Paaren alles so harmonisch aus, bei der Geburt sind die Väter natürlich dabei, aber dann, wenn das Kind geboren ist, sitzt die Frau da zu Hause, und der Mann lebt sein Leben weiter.

Vor ein paar Monaten ist einer meiner Kollegen Vater geworden, da hat er großartig einen ausgegeben, wahrscheinlich auch noch weil's ein Junge war, und an dem Tag, als seine Frau aus der Klinik nach Hause kam, hat er eine Geschäftsreise angetreten. Die war für ihn unaufschiebbar, Kind hin, Kind her. Die Welt wäre wohl untergegangen, wenn er da mal einen anderen geschickt hätte. Und gerade in dem speziellen Fall war es tatsächlich so, daß ein anderer schon richtig in den Startlöchern saß und ganz gierig auf diese Fahrt war, weil das mit einem wichtigen Geschäftsabschluß zusammenhing. So was puscht das Image gleich ein Stückchen hoch. Also es war nicht so, daß er unabkömmlich gewesen wäre, sondern es war ganz einfach der Ehrgeiz. Das geht dann alles so nach dem Motto: Was schert mich Weib, was schert mich Kind?!

Solche Leute könnten natürlich auch keine berufstätige Frau haben, die muß immer schön daheim sitzen und warten, bis er kommt. Für ihre Frauen lohnt es sich wohl auch – muß wohl, warum täten sie es sonst? Vielleicht weil sie damit ein bequemes Leben haben: Der Mann schafft das dicke Geld ran, und die Frauen haben ihre Ruhe.

Vor ein paar Tagen las ich in der Zeitung, daß man in Japan

eine Umfrage gemacht hat, nach der über 80 Prozent der Manager an ihrem Hochzeitstag lieber Überstunden machen, als sich mit ihrer Frau am Abend zu treffen und mit ihr auszugehen. Die hätten die Umfrage in unserer Firma machen können! Grad die Familienväter, die drängen sich so nach Überstunden, da hat man das Gefühl, die wollen überhaupt nicht mehr nach Hause. Die würden wohl am liebsten in der Firma schlafen.

Aber schließlich ist das nicht mein Problem. Solange die Frauen da mitspielen, funktioniert das alles astrein.

Ich denke, das Geld hat schon eine arge Verlockung, und die Bequemlichkeit, daß man's nicht selbst verdienen muß. Denn sich im Beruf durchzuboxen und selbst viel Geld zu verdienen, das ist so eine Sache für sich. Und eine andere Sache ist es dann, zu Hause herumzusitzen und das Geld vom Ehemann auszugeben. Mag sein, daß die dann aus lauter Langeweile ein Kind nach dem andern kriegen. Das habe ich neulich auch mal in einer Statistik gelesen, daß Männer in Führungspositionen überproportional viele Kinder haben, Frauen in Führungspositionen höchstens eins, wenn überhaupt. Das liegt für mich klar auf der Hand: Wenn ein Mann so eine Position erreicht hat oder sie überhaupt erst noch erreichen muß, dann braucht er zu Hause das warme Nest, auch wenn er selten da ist. Da will er dann keine Frau, die auch noch arbeitet und vielleicht sogar noch abgeschafft aussieht. Na ja, und mit einem Kind alleine wird's dann wohl wirklich langweilig. Da müssen es dann schon mindestens drei sein.

Daß sie dann herumjammern, sie würden vernachlässigt und ihr Mann vergißt den Hochzeitstag und sonst was alles, na schön, das gehört wohl irgendwie zu dem ganzen Spiel dazu. Das ist dann also ihre Version von einer intakten Familie.

Natürlich ist das nicht bei allen so, das will ich der Gerechtigkeit halber schon zugeben. Aber es ist so, daß das in meiner Umgebung der Normalfall ist. Das sieht man auch daran, wie Männer dann auf jemanden reagieren, der sich wirklich partnerschaftlich verhält. Bei uns ist zum Beispiel ein älterer Kollege, wirklich ein tüchtiger Mann, und er hat, was seine Arbeit anbetrifft, auch die volle Anerkennung von allen. Aber als vor drei Jahren seine Frau einen schweren Unfall hatte und in der Klinik lag, da hat er sich viel frei genommen, ist dann auch mal tagsüber bei ihr gewesen, und als sie herauskam, hat er seinen ganzen Jahresurlaub genommen. Das fand ich schon okay, denn eine Frau fühlt sich bei so was hundeelend, und da braucht sie einen Partner. Die meisten hier hätten sich gleich wieder auf Geschäftsreise begeben, er aber nicht. Und das – man muß sich mal vor Augen halten, wie absurd das Ganze ist – das hat ihm dann tatsächlich in seinem Alter von über fünfzig Jahren noch beruflich geschadet. Auf einmal galt er als nicht mehr so belastbar, er bekam die wichtigen Sachen nicht mehr zugeschoben, und als er sagte, er will jetzt nicht mehr so viel Außendienst machen, da haben sie ihn dann in eine andere Abteilung versetzt, das war für ihn ein ziemlicher Abstieg. Da hat man nicht etwa gesagt: „Toll, daß der sich so um seine kranke Frau kümmert." Nein, da hieß es: „Der kommt jetzt so in das Alter, da ist er nicht mehr so belastbar." Das war den anderen dann wohl eine Warnung.

Ob ich diskriminiert worden bin als alleinerziehende Mutter? Das glaube ich ehrlich gesagt nicht. Wohl am Anfang, als Urte geboren war. Das hatte aber eigentlich nichts damit zu tun, daß ich alleinerziehend war, das war mehr die Tatsache, daß ich überhaupt ein Kind bekam. Da wird einem dann leicht die Ernsthaftigkeit für den Beruf abgesprochen. Es wird dann stillschweigend vorausgesetzt, daß man sich mehr oder weniger leise aus der Berufstätigkeit verdrückt, vielleicht so einen untergeordneten Teilzeitjob annimmt, aber daß man dann noch weiter die Treppe rauf will, das vermutet mit Kind erst mal keiner. Da denke ich, muß man sich schon mehr beweisen. Ob man dann verheiratet ist oder nicht, denke ich, das ist sekundär.

Doch, einmal spielte es eine Rolle, bei einem Bewerbungsgespräch für die Stelle, die ich jetzt habe. Ich habe ja vor drei Jahren die Firma gewechselt, weil ich da, wo ich war, nicht mehr recht weiterkam, und ich stieß dann auf eine sehr interessante Stellenausschreibung, und da dachte ich: ‚Da porbierst Du's.' Das hatte dann mehr mit Verkauf zu tun, es war mehr Organisation und mehr Reisen, alles, was ich sehr gerne mache.

Und bei dem Vorstellungsgespräch, da saßen dann zwei Herren rum, so normal, mit Schlips und Kragen und Gattin zu Hause. Man hat ja im Laufe der Zeit einen Riecher dafür. Und bei einer Frau, da sind sie dann schon ein bißchen mißtrauisch von vornherein, daß man vielleicht durch Familie oder so gebunden wäre. Natürlich hab' ich in meinem Lebenslauf Urte auch erwähnt, aber ich hab es nicht besonders herausgestrichen, ich hatte ja keine Berufsunterbrechung oder so was, also da war alles ganz normal, ununterbrochene Berufstätigkeit wie bei einem Mann. Da drucksten sie dann so ein bißchen herum, und einer sagte: „Sie haben doch, wenn ich das hier richtig sehe, ein Kind, die muß doch jetzt so vier Jahre alt sein. Wie bringen Sie das denn unter?"

Das hätten sie vermutlich auch bei einer verheirateten Frau gefragt, bei einem Mann aber ganz bestimmt nicht. Und so hab' ich dann ganz freundlich und wahrheitsgemäß gesagt, daß ich eine ganz tolle Kinderbetreuerin hätte, nun schon jahrelang, und daß das alles gesichert wäre. Irgendwie merkte ich aber, das war so richtig der entscheidende Haken. „Ja, und wenn sie krank wird, was dann?" Na, dann hab' ich ihnen gesagt: „Sie können sich sicher vorstellen, daß sie inzwischen auch schon einmal krank war. Sie ist dann in guten Händen. Da mache ich dann dasselbe, was Sie auch tun, wenn Ihre Kinder krank sind: Ich geh' eben weiter zur Arbeit, solange ich weiß, daß sie gut versorgt ist. Und das ist sie."

So, ich habe mir dann gedacht, auf dem Punkt hacke ich nicht mehr rum, das muß für sie selbstverständlich sein, daß das kein Thema ist.

„Ja, und eh, Ihr Mann, wie steht der denn dazu?"

Da hab' ich dann die Sache umgedreht und gesagt, das wäre eben mein großer Vorteil, daß ich nur ein Kind, aber keinen Mann zu versorgen hätte. Da mußten sie dann irgendwie drüber lachen, sie hielten das dann wohl für einen Beweis meines Verkaufsgeschicks: Den Nachteil umdrehen in einen Vorteil!

Ich habe die Stelle gekriegt. Übrigens wohl nicht grad deshalb, weil ich das mit dem ‚alleinerziehend' gesagt habe, obwohl ich denke, mein Auftreten und das alles haben ihnen schon imponiert.

Aber ich hatte gegenüber den anderen Bewerbern natürlich noch ein paar Pluspunkte. Besonders stachen denen dann auch ins Auge, daß ich drei Fremdsprachen ganz gut spreche: Englisch, Französisch und das hab' ich mir dann so nach und nach angeeignet, auch Spanisch. Und jetzt mit dem europäischen Binnenmarkt, da ist das enorm wichtig. Komischerweise gibt es wenig Männer, die Fremdsprachen gescheit sprechen, warum weiß ich nicht. Jedenfalls ist mir das immer wieder aufgefallen, daß sie das nicht können, und das meine ich, ist schon ein arges Handicap. Jedenfalls war es bei mir ein ganz großes Plus.

Daß ich alleinerziehend bin, das spielt keine Rolle, weder positiv noch negativ. Es gibt ja auf meiner Ebene sehr wenige Frauen, und mit Kindern schon fast überhaupt keine mehr. Gut, die Sekretärinnen, die haben Kinder, hin und wieder ist auch wohl mal eine alleinerziehend. Aber ich kann nicht sagen, daß das irgendwie besonders registriert würde, solange sie regelmäßig und normal zur Arbeit kommen, Nun, und wenn sie das nicht mehr täten, dann würden sie wohl nicht sehr lange ihren Job behalten. Ja, ich finde es auch schade, daß wir so wenig Frauen in den oberen Etagen haben. Aber ich muß ganz ehrlich sagen, ich finde, es liegt auch an den Frauen selbst. Wenn ich dann sehe, daß da junge Frauen mit Hochschulabschluß, kaum daß sie ihren Job anfangen, gleich ein paar Jahre wieder in Erziehungsurlaub gehen und dann mit Teilzeit wieder zurückkommen, da kann man sich auch nicht besonders wundern, wenn sie als Arbeitskräfte nicht richtig für voll genommen werden. Da helfen auch die schönsten Frauenförderpläne nichts.

Sicher ist das so, daß Kinder versorgt werden müssen, und nicht jede Frau ist in der privilegierten Situation wie ich, daß sie gut verdient. Andererseits aber hab' ich dafür auch ordentlich etwas dafür getan, daß ich einen guten Job habe.

Und das Gerede davon: „Das Kind braucht doch seine Mutter" und „Man kann doch ein Kind nicht zu fremden Leuten geben", das halte ich nun für ziemlich großen Quatsch ehrlich gesagt. Wer regt sich schon auf, daß ein normales Kind in einer normalen Familie ja auch keinen Vater hat? Wer regt sich darüber auf, daß die meisten erst nach Hause kommen, wenn sie sicher sind, daß das Kind auch wirklich schon im Bett liegt? Ich als berufstätige Mutter verbringe viel, viel mehr Zeit mit meinem Kind als die meisten berufstätigen Väter.

Und was heißt schon „fremde Leute"? Urte wächst in einer so liebevollen, warmherzigen Atmosphäre auf, sie hat Ella so gerne, sie hat so eine liebe Bezugsperson, das könnte ich ihr als Einzelperson gar nicht bieten. So hat sie außer mir noch zusätzlich jemanden, und daß die Frau dafür bezahlt wird, was heißt das schon? Deshalb ist sie trotzdem ein toller Mensch.

Ella ist doch nicht fremd, nur weil sie Urte erst ein paar Monate nach ihrer Geburt kennengelernt hat! Meine Eltern sind ihr doch viel fremder, obwohl sie die leiblichen Großeltern sind. Ella und Urte sehen sich jeden Tag, wie kann man da von ‚Fremdbetreuung' sprechen?

Ob Urte einen Vater vermißt, das kann ich nicht so genau sagen. Sie selbst hat sich dazu eigentlich noch gar nicht geäußert. Auch nicht wenn sie mal von Freundinnen kam, aber das mag vielleicht auch daran liegen, daß deren Väter am Tage ja auch nicht zu Hause sind.

Doch, wenn ich's mir überlege, an dem Mann meiner Schwester hängt sie schon sehr. Den findet sie immer ganz toll, die haben drei Kinder, das ist also so was wie eine richtige Familie, und wenn wir sie besuchen, dann geht die Post ab! Mein Schwager ist auch sehr kinderlieb, der spielt das ganze Wochenende mit ihnen. Der ist so voll dabei, als wäre er selbst noch ein Kind! Also da fährt Urte natürlich drauf ab. Mit so einer Hingabe kann ich überhaupt nicht spielen. Das ist dann da so, daß meine Schwester und ich quatschen, und kochen, und Hans-Georg beschäftigt die Kinder. Ich denke, daß das auch Urtes Vorstellung von einem richtigen Vater ist. Aber sich konkret geäußert, daß sie das auch gerne hätte, das hat sie bisher noch nicht. Vielleicht kommt es ja noch.

Auf Männer in meiner Nähe ist sie eher eifersüchtig. Das hatte ich wohl auch am Anfang irgendwie schlecht eingefädelt, denk' ich mir so. Sie war, als sie das erste Mal einen Freund bei mir mitgekriegt hat, ein bißchen älter als drei Jahre. Und sonntagsmorgens, da war sie das eigentlich immer so gewöhnt, daß sie noch zu mir ins Bett kommt. Das tut sie auch heute noch. Ja, und da kommt sie eines Morgens an mit ihrem Teddy unterm Arm, und da liegt da jemand. Da hat sie regelrecht ihr Revier verteidigt, hat den getreten und geschrien: „Weg!" Sie hat herumkrakeelt, wir waren beide noch ganz verschlafen, wurden aber ziemlich schnell hellwach.

Ja, sie kannte das schon, daß mal jemand bei uns übernachtet, auch mal meine Freundin, aber natürlich nicht bei mir im Bett. Das fand sie also überhaupt nicht gut.

Ich habe dann später versucht, so eine Situation zu vermeiden. Sie hat dann auch, wenn ich mal was vorhatte, bei Ella übernachtet. Das macht sie auch, wenn ich auf Messen fahre oder so. Aber das gab doch mit Ella Konflikte, weil sie meinte, na ja, wenn ich arbeiten mußte, dann würde sie das wohl einsehen. Aber das ging ihr irgendwie gegen den Strich, daß ich Urte praktisch abschob nur zu meinem eigenen Vergnügen. Obwohl ich sie ja dann meist immer am Sonntag früh schon wieder abgeholt habe. Nun ja. Das gab dann vorwurfsvolle Mienen, und Urte knatschte dann meist auch entsprechend herum.

Nun bin ich inzwischen seit ein paar Jahren mit Klaus zusammen – was heißt zusammen? Zwischen uns liegen ja 400 Kilometer Luftlinie. Das tut mir oft leid, aber es läßt sich nun mal nicht ändern. Wir sind eben beide ortsgebunden. Klaus, weil er sein Geschäft in K. hat, und ich hier durch meine Arbeit. An eine gemeinsame Wohnung haben wir dann auch nie ernsthaft gedacht. Wir haben eine reine Freizeit-, eine reine Wochenendbeziehung.

Das ist nun alles sehr zeitaufwendig und teuer mit dieser ganzen Hin- und Herfahrerei. Also, besonders umweltfreundlich ist so eine Beziehung nun leider nicht. Trotzdem hat das auch sein Gutes. Wir haben schließlich den ganzen Alltagstrott nicht miteinander, nicht diesen Beziehungsstreß, den sich viele Paare machen, wenn sie zusammenleben.

Und trotz dieser 400 Kilometer dazwischen, jedenfalls im normalen Alltag liegen sie ja dazwischen, ist unsere Beziehung sehr eng. Das ist oft ganz toll: Gerade, wenn ich anrufen will, dann klingelt das Telefon, und Klaus ist am Apparat. Das ist dann die reinste Gedankenübertragung. Oder wenn er mal abnimmt, auch wenn ich so ganz unerwartet anrufe, dann sagt er manchmal: „Das habe ich schon am Läuten gehört, daß du das warst.“ Also das ist jetzt alles immer noch taufrisch.

Ein Vater für Urte ist er nicht, obwohl wir auch öfter etwas zusammen unternehmen. Aber da denke ich manchmal: Man merkt uns schon kilometerweit an, daß wir keine „richtige“ Familie sind. Irgendwie verhält Klaus sich Urte gegenüber anders, vielleicht distanzierter, als das ein richtiger Vater täte. Und Klaus und ich wirken wohl auch verliebter als ein normales Paar mit siebenjähriger Tochter. Also an so einer Beziehung habe ich nichts auszusetzen. Beim täglichen Zusammenleben gingen wir uns wahrscheinlich furchtbar auf die Nerven, schon alleine deshalb, weil Klaus um sich herum ein schreckliches Chaos veranstaltet. Im Urlaub geht das, da kann ich drüber lachen. Im normalen Leben, wenn so was jeden Tag um mich herum wäre, das wäre ein Desaster.

Schon, da gibt es manchmal Momente, da denke ich: ‚Wenn du jetzt jemanden hier hättest, wenn Klaus jetzt bei dir wohnen würde, du ihn einfach mal so umarmen könntest und nicht erst vierzehn Tage warten müßtest.' Aber alles kann man nicht haben. Und wenn ich dann auf den Messen bin, da ist ja wirklich was los manchmal, und wenn ich dann die biederen Familienväter sehe, wie sie mit einer anderen Frau, und das übrigens nur nebenbei, also mit ihr essen gehen und danach ins Bett, daß sie das alles auch noch von den Steuern absetzen können als Bewirtungskosten! Sie können mehr von den Steuern absetzen als ich mit unserer Ella. Wenn ich diese biederen, hochanständigen Familienväter sehe, dann packt mich so das kalte Grausen. Wenn ich mir vorstelle, ich wäre deren Frau... Und die Frauen wissen das mit Sicherheit, die können ja praktisch gar nicht mehr weg, sie haben jetzt eine Masse Geld, und wenn sie dann gehen würden, dann stünden sie ja vor dem Nichts. Also, wenn ich so eine Frau wäre, mein Mann käme dann von so einer Reise und ich müßte so tun oder ich würde so tun, nur um meinen Lebensstandard zu halten, als wäre nichts und als merkte ich nichts, du liebe Zeit, was ist das für ein Familienleben!

Dann sehe ich wieder so eine Sorte Realität, das ernüchtert mich dann ganz schnell.

Ich genieße das, daß ich wirklich über mein Leben selbst entscheiden kann, daß ich von keinem abhängig bin, auch daß ich eine gutbezahlte Arbeit habe. Und daß ich die Verantwortung für Urte alleine trage, darin sehe ich nun überhaupt keinen Nachteil. Auch andere Frauen tragen die Verantwortung alleine. Die müssen überlegen, was das Kind anzieht, welches Geschenk es bei einer Geburtstagsparty mitbringt, welchen Hustensaft es nimmt, was in die Schultüte muß, wann am anderen Tag eine Klassenarbeit geschrieben wird. All das machen die meisten Frauen ebenfalls alleine. Da bekomme ich sogar von Ella mehr Hilfe als die meisten Frauen von ihren Männern. Daß es Ausnahmen gibt, gut, das weiß ich auch. Aber im Normalfall ist die verheiratete Mutter auch eine alleinerziehende Mutter. Bloß, im schlimmsten Fall, hat sie im Gegensatz zu mir jemanden, der dauernd rummäkelt. Also, ich will ja nun die Normalfamilie nicht schlechtmachen. Aber aufs Ganze gesehen, so für meine unabhängige Charakterstruktur, da ist mein Lebensstil doch sehr viel schöner."

Geschiedene Mütter

„Ich wußte nur eins, ich muß weg!“

Sabine, 45 Jahre, drei Kinder: 27, 25, 21 Jahre

Wer sich nach langen Ehejahren trennt, hat oft sehr viel größere Probleme, ein eigenständiges Leben zu beginnen, als Frauen wie Monika, die von Anfang an unabhängig waren. Hausfrauen wie Sabine, ohne erlernten Beruf und ohne eigenes Geld, stehen nach der Scheidung buchstäblich vor dem Nichts. Sie fangen oft im hohen Erwachsenenalter wieder bei Null an, stehen als Berufsanfängerinnen oder -einsteigerinnen da, wo sonst der Mensch mit Anfang Zwanzig steht. Dies alleine erfordert schon die ganze Kraft – seelisch und körperlich. Weit höher noch ist der Einsatz, wenn auch die Gesundheit Schaden genommen hat.

Sabine ist, als sie mir ein Interview gibt, fünfundvierzig Jahre alt, ihre Scheidung liegt zehn Jahre zurück.

Über die Zeit der Scheidung mag ich immer noch nicht gerne reden, da kommt mir jede Menge hoch. Heute denke ich: ‚Wie ich das alles geschafft habe!'

Ich fange mal von vorne an: Mein Elternhaus war eine Katastrophe, mein Vater war Alkoholiker, und meine Mutter ist bei einem Autounfall ums Leben gekommen, da war ich elf und meine Schwester siebzehn. Sie hat dann den Haushalt geführt, mehr schlecht als recht, und mein Vater hat sich dann irgendwann eine andere Frau genommen, da war ich vierzehn und dann ist meine große Schwester ausgezogen, sie hat dann kurz drauf geheiratet.

Ich habe mir immer gedacht: ‚So schnell wie möglich ziehst du auch aus.' Und mit siebzehn hab' ich dann auch die Fliege gemacht. Mit achtzehn habe ich meinen Mann kennengelernt, und mit neunzehn war ich verheiratet.

Mein Mann, Dieter hieß er, war fünfzehn Jahre älter als

ich, Buchhalter in der Verwaltung und richtig was Solides. Genau so, wie ich mir das wünschte. Alles ganz bürgerlich, die Sicherheit, ein Bausparvertrag usw. Daß er ständig an mir herummeckerte, so ein richtiger Kleinigkeitskrämer war, mir dauernd Vorschriften machte, das hat mich am Anfang noch nicht einmal besonders gestört. Ich dachte da, er ist eben fünfzehn Jahre älter, er weiß eben wirklich alles besser, er nimmt dir alle wichtigen Entscheidungen ab, und er sorgt gut für dich. Was willst du mehr?

Ich habe drei Kinder bekommen, kurz nach der Heirat und ziemlich schnell aufeinander, erst zwei Mädchen und dann noch einen Jungen.

An diese Ehejahre erinnere ich mich nur noch wie an einen ganz fernen Nebel. Sie verliefen ohne besondere Höhen und ohne besondere Tiefen, einfach so. es wurde ein Haus gebaut, wirklich ein ganz tolles, die Nachbarn haben es alle bewundert. Wir haben unheimlich viel Eigenleistung reingesteckt, das war ja auch das Hobby von Dieter, jahrelang war es seine einzige Freizeitbeschäftigung. Ich denke, und das hat sich später auch so erwiesen, das Haus liebte er über alles, jede Schraube, jedes Wasserrohr, da hing sein Herz dran.

Ja, so wie gesagt, ohne Höhen und Tiefen, eben stinknormal. Ich war eine tolle Hausfrau, allein wohl schon deshalb, weil mein Mann ja so extrem kleinlich und pingelig war. Also, wenn Sie sich die Frauen im Werbefernsehen angucken, das Bad, in dem man sich spiegeln kann, und „nichts wäscht weißer“ und so, dann haben Sie ungefähr ein Bild davon, wie ich damals war. Die Frauen da in der Werbung, die waren so mehr oder weniger meine einzigen Vorbilder: schick, tolle Mütter, immer gut drauf, gute Figur, und die Kinder immer gut in Schuß.

Da kam wohl mal der eine oder andere Zweifel auf, besonders wenn ich meinen übelgelaunten Mann beguckte, na ja, er hatte natürlich nicht immer schlechte Laune und meckerte nicht ständig rum, aber im großen und ganzen, denke ich, war das so ein spezieller Wesenszug bei ihm. Bei ihm ist die ganze

Buchhalterei, eben die Genauigkeit und die Kleinlichkeit, in Fleisch und Blut übergegangen.

Das klingt jetzt so, als hätte ich mich besonders unwohl gefühlt, so war es aber nicht. Ich hielt mein ganzes Leben damals für ziemlich normal, das war es wohl auch. Bei den Nachbarn war es ja auch nicht anders.

Und dann kam der Einbruch, die Katastrophe überhaupt. Bei mir wurde Brustkrebs festgestellt, von heute auf morgen mußte ich in die Klinik, da wurde mir die Brust abgenommen. Was das heißt, kann sich wohl überhaupt nur jemand vorstellen, der so was erlebt hat. Ich war wie betäubt. Ich konnte es einfach nicht fassen. Es ging alles so schnell, ich hatte vorher keine Zeit, überhaupt größer nachzudenken, und als alles schon vorbei war, da brach so Stück für Stück meine Welt zusammen. Ich war immer stolz drauf gewesen, wenn die Leute sagten: „Mensch, hast du eine tolle Figur, und die drei Kinder, das sieht man dir überhaupt nicht an." Und auch meine Brüste waren toll, da gab es nichts, obwohl ich alle drei Kinder gestillt habe. Nicht daß ich von meinem Mann größere Komplimente zu hören bekommen hätte, das wäre nun nicht gerade seine Art gewesen, aber trotzdem, das Aussehen war mir immer unheimlich wichtig. Und jetzt das!

Dieter hat sich dann schon in der Klinik so komisch verhalten, hat immer so Andeutungen gemacht, so in dem Sinne, ob ich wohl zu Hause noch weiter richtig arbeiten könnte. Ich merkte, diese ganze Krankheit, die war ihm richtig unangenehm, als ob er einen Ekel davor hätte. Er hat sich auch nicht einmal die Operationswunde beguckt. Das wollte er gar nicht erst sehen. Ich hätte es ihm aber auch nicht zugemutet, denn er war da immer schon extrem empfindlich. Wenn sich zum Beispiel die Kinder die Knie aufgeschlagen hatten und irgendwas blutete, das habe ich dann immer alles gemacht, er guckte dann meist schon gleich wieder geflissentlich weg.

Und dann wieder zu Hause. Da sagt er abends, als wir dann im Bett lagen: „Du, die Salbe oder was das da ist, also das riecht so furchtbar, schlaf doch lieber im Gästezimmer." Da hab' ich dann meine Sachen gepackt und mich ins Gästezimmer gelegt. Das war dann schon so, daß ich fast schon Schuldgefühle hatte, daß ich nun so verstümmelt war und auch noch das Ganze so riecht.

Na, und dann die Bemerkungen: „Du siehst aber schlecht aus" und „Wärst du doch immer wenigstens regelmäßig zur Vorsorge gegangen."

Ich habe dann damals auch eine Chemotherapiebehandlung gemacht, da geht's einem hundeelend. Und die Haare gingen mir auch aus. Ja, und zu der Zeit, da blieb Dieter immer noch länger abends im Büro. Da hatte ich so den Eindruck, er konnte schon fast meinen Anblick nicht mehr ertragen. Ich habe schon versucht, was zu machen, mich geschminkt und so, aber in so einem Fall bringt das ja schließlich nichts. Das machte alles irgendwie noch schlimmer.

Da hab' ich dann sonntags mal gesagt: „Komm, laß uns ein bißchen spazierengehen. Ich brauche unbedingt frische Luft." Und dann er, ganz empört: „Was, willst du etwa unter Leute gehen, so wie du aussiehst?" Also, da hat sich das schon total entlarvt, daß da wirklich von seiner Seite überhaupt nichts war, kein Mitgefühl, keine Sorge, höchstens die Angst, ich könnte ein Pflegefall werden und ihm zur Last fallen.

Ich fuhr dann sechs Wochen zu einer Kur, und da kam ich so langsam zum Nachdenken. Da erwachte in mir schon der Gedanke, mich von ihm zu trennen. Aber ich dachte dann auch: ‚Was machst du dann in der Welt? Krank, ohne Arbeit, nichts gelernt und kein Geld.' Und die Kinder. Also, es war ein Drama.

Als ich zurückkam, da ging es auf einmal ganz schnell. Da war ich im Bad, stieg gerade aus der Wanne, und Dieter kommt rein. Nie in meinem Leben vergess' ich diesen entsetzten Gesichtsausdruck. Das war wirklich das erste Mal, daß er mich so sah. So voller Entsetzen, so voller Abscheu hat er mich angeguckt, da hab' ich gesagt, also das hab' ich ganz automatisch gesagt: „Du brauchst nicht so angeekelt zu gucken. Ich zieh' aus."

Ich habe mich ganz ruhig angezogen, meine Schwester angerufen und gefragt: „Kann ich heute zu dir kommen? Vielleicht bleibe ich ein paar Tage."

Na, begeistert war sie nicht gerade, sie haben eine enge Wohnung und auch zwei Kinder. Aber sie hat sich wohl schon gedacht, daß da bei mir was nicht in Ordnung ist, wenn ich so plötzlich am Samstagnachmittag anrufe.

Also ich pack' ein paar Sachen ein und bin dann zum Bahnhof. Die Kinder waren völlig perplex, die wußten überhaupt nicht, was da nun abging. Die Älteste war ja schon sechzehn, dann die vierzehnjährige und der Kleine, der elfjährige. Die standen da rum und guckten bloß. So. Und ich bin dann einfach, ich wußte gar nicht, wann der nächste Zug ging, zum Bahnhof gefahren und habe mir meine eiserne Reserve von 300 Mark eingesteckt. Und im Zug, da packte mich das große Zittern. Da fiel mir erst mal auf, was ich überhaupt gemacht hatte. Alles zurückgelassen und vor allem die Kinder.

Bei meiner Schwester konnte ich natürlich nicht bleiben, da war überhaupt nicht dran zu denken. Nun, sie hat auch dauernd versucht, mich zu überreden, doch wieder nach Hause zu gehen, und ich sollte nicht so empfindlich sein und so weiter und so fort. Ich glaube nicht, daß ihre Ehe besonders glücklich ist, das läppert sich bei denen auch alles so dahin, aber komischerweise hat sie immer gedacht, ich hätte wohl das große Los gezogen. deshalb war sie ja auch so vollkommen schockiert, daß ich mit einem Köfferchen auf einmal vor ihrer Tür stand. Und sie hat auf mich eingeredet: „Laß ihm doch mal ein bißchen Zeit, er muß sich schließlich auch daran gewöhnen."

Und da hab' ich gesagt: „Was heißt sich daran gewöhnen? Ich bin nicht zu einem Monster geworden, ich bin derselbe Mensch wie vorher, bloß krank. Und wenn sich da einer großartig daran gewöhnen muß, dann heißt das ja schließlich nur, daß er einen überhaupt nicht liebt."

Ich war fünfunddreißig gewesen, und der Gedanke, mein Leben an der Seite eines Menschen zu verbringen, der sich so verhält, nach sechzehn Jahren das erste Mal, daß man praktisch nicht so vollkommen ist, wie er sich eine Frau vorstellt, also der Gedanke daran hat mich fast verrückt gemacht.

Ich wußte nur eins, ich muß weg, bei ihm kannst du nicht bleiben.

Na ja, bei meiner Schwester konnte ich aber auch nicht bleiben. Also mußte ich gucken, wohin. Ich hatte eine Menge Lauferei, und zu allem Überfluß hatte ich auch kein Geld. Da war mein ganzer Stolz dagegen, Dieter um Geld anzugehen. Ich bin dann nach ein paar Tagen erst mal zum Anwalt gegangen, habe die Scheidung eingereicht, und dann, zähneknirschend, aber was blieb mir übrig, auch Trennungsunterhalt gefordert. Da meinte mein Mann noch, das müßte er sowieso nicht bezahlen, weil ich ihn ja böswillig verlassen hätte. Nun, damit kam er ja nicht durch, aber das war dann so ein Ding noch dazu. Er ließ mich natürlich auch nicht mit den Kindern telefonieren, die durften nicht ans Telefon gehen, die ganze erste Zeit nicht. Na, das waren alles so Sachen.

Daß ich eine Wohnung gefunden habe, war ein reines Wunder. Anderthalb Zimmer in einem sozialen Brennpunkt, wirklich. Und darin erst mal nur eine Matratze, ein Schlafsack, ein paar Teller und Tassen, ein bißchen Besteck, alles nur für mich, alles nur das Nötigste, sonst nichts. Und dann packte mich das heulende Elend: ‚Du hast ein Haus, du hast einen Garten, alles so richtig geschmackvoll, wie man das so sagt, und die Leute, die uns besucht haben, die haben gestaunt'. Ich habe wirklich Geschick, mit ein ganz bißchen Mitteln alles so herzurichten, daß es nach enorm was aussieht. Und jetzt das hier. Schaumgummimatte und Schlafsack, in einer Gegend, an die ich früher nur mit Naserümpfen gedacht habe.

Und dann erwachte mein Überlebenswille. ‚Du schaffst das', dachte ich, ‚du mußt es einfach schaffen.' Später, in der Selbsthilfegruppe für Krebskranke da habe ich dann mitbekommen, daß es anderen auch so geht. Das eine Mal steht dir vor deinem geistigen Auge buchstäblich deine eigene Beerdigung, dann wieder denkst du nur noch: Ich will, ich will, ich muß, und ich kann. Im Laufe der Jahre habe ich gelernt, damit zu leben, mit der Angst, die man vielleicht nie ganz los wird, aber auch mit dem Gedanken: ‚Das war ein Warnschuß, du hast noch ein paar Jahre geschenkt bekommen. Sieh es als Chance, mach was draus, mach was mit deiner Zeit.' Da denkt man ja in jungen Jahren praktisch nie dran, daß die Zeit, die man hat, überhaupt mal ein Ende haben könnte, daß sie wirklich begrenzt ist. Das schiebt man weit, weit von sich.

In der Selbsthilfegruppe habe ich tolle Leute kennengelernt. Zum erstenmal habe ich da überhaupt die Möglichkeit gehabt, darüber zu reden, wie ich mich fühle, was mit mir los ist. Eigentlich bin ich nur kurze Zeit dagewesen, aber es haben sich ein paar Freundschaften entwickelt, die sich bis heute gehalten haben. Ganz intensive Freundschaften, das war für mich was Neues, das kannte ich bis dahin nicht. Ich hatte ja immer nur meine Familie um mich herum, eine richtige Freundin hatte ich bis dahin in meinem Leben noch nicht gehabt. Also, da hab' ich erst entdeckt, wie wertvoll so was sein kann, einfach mit jemandem reden können, wenn man sich down fühlt. Daß so was zwischen meinem Mann und mir überhaupt nicht lief, klar, brauch' ich gar nicht erst zu erwähnen.

Bei der Scheidung zog mein Mann übrigens alle Register. Er kämpfte wie verrückt um das Sorgerecht für die Kinder, das war vor allem, da machte er auch gar keinen Hehl draus, weil er das Haus behalten wollte. Ich denke, die Kinder, die nahm er dafür gerne in Kauf. Niemals hätte er das Haus mir überlassen. Da hing ja seine ganze Seele dran.

Also, es war für mich alles eine harte Zeit. Es kam noch dazu, daß ich auch unbedingt wirklich nichts von ihm annehmen wollte. Dieses kleinliche Gehacke um den Unterhalt, das war mir so zuwider, also daß er mir Geld zahlen mußte, das war für mich so was wie eine Niederlage.

Ich hab' dann ganz schnell eine Stelle in einem Supermarkt als Kassiererin angenommen und genauso schnell gemerkt, daß das der helle Wahnsinn war. Das war gesundheitlich mit dem Arm überhaupt nicht zu schaffen. Nach einer Woche habe ich die Stelle wieder aufgegeben.

Also die Scheidung, das war ein unheimlicher Zoff. Wir haben uns dann schließlich „geeinigt". Geeinigt muß man da wirklich in Anführungszeichen setzen, denn am Schluß hätte ich allem zugestimmt, also wir haben uns geeinigt, daß mein Mann das Sorgerecht für die beiden älteren bekommt, die hatte er auch schon ziemlich aufgehetzt, und ansonsten waren sie im ganzen ziemlich pflegeleicht. Sie blieben in dem Haus wohnen, und Stephan sollte zu mir ziehen.

Stephan war unheimlich schwierig geworden. Er war nie so leicht zu haben wie die beiden Mädchen, aber durch die Scheidung, da hat sich das alles noch verschlimmert. Vielleicht war es auch, daß er sich gegen meinen Ex-Mann so aufgelehnt hatte. Stephan war nicht so ein Sohn, wie er ihn haben wollte. Er war immer schon ziemlich schlecht in der Schule, und als das dann mit der Scheidung anfing, da ging es dann auch noch los mit Schule schwänzen, klauen, was weiß ich.

Ich bekam dann mit der Scheidung doch einiges ausgezahlt, mit dem Geld habe ich mir diese größere Wohnung gemietet und eingerichtet, und Stephan zog also zu mir.

Na ja, dann war bei mir erst mal die Frage: ‚Was machst du jetzt, womit verdienst du dein Geld?' Denn eins wußte ich genau: Ich will nicht jeden Monat auf den Scheck von meinem Ex-Mann warten. Obwohl mir natürlich alle lang und breit auseinandergesetzt haben, daß mir das nun wirklich zustehen würde nach all den Jahren, die ich Hausfrau war und die Kinder großgezogen habe. Trotzdem, ich wollte unabhängig werden.

Und dann kam es wieder über mich: ‚Du bist 'ne kranke Frau, nicht mehr die Jüngste, du kannst nichts, hast nicht mal einen gescheiten Schulabschluß, nichts gelernt, das wird nie was.' Ich bin also hin und her gelaufen, zum Arbeitsamt, zur Frauenbeauftragten, nichts.

Ein bißchen schwarz habe ich mir dazu verdient mit Nähen. Das konnte ich nun wirklich, obwohl ich mir alles selbst beigebracht hatte. Mein Ex-Mann war ja so geizig, der hatte immer rumgemosert, was dies und jenes alles kostet, und ich, na ja, ich bin eben gerne schick angezogen. Also hab' ich mich drangemacht. Auch für die beiden Mädchen hab' ich alles selbst genäht. Wir sahen immer aus, als würden wir in den teuersten Boutiquen einkaufen. Gut, und dann hat sich die Gelegenheit ergeben, eine Ausbildung als Schneiderin zu machen. Das war so eine Maßnahme eigentlich für Ausländerinnen, aber auch für arbeitslose junge deutsche Frauen. Und da bin ich dann rein, mit Abstand als Älteste. Ich saß dann da mit den ganzen jungen Dingern und hab' eben eine normale Lehre gemacht. Komisch war's schon, aber auch lustig. Wenn zum Beispiel Lieferanten mir automatisch die Lieferscheine zur Unterschrift hinlegten, weil sie dachten, ich sei die Chefin. Unsere richtige Chefin war nicht viel älter als die Azubis.

Ich habe da wirklich meinen Traumberuf gelernt. Die Gesellenprüfung hab' ich als Beste gemacht, alles mit eins, Theorie und Praxis. Und grad vor der Theorie hatte ich einen unheimlichen Bammel, weil ich ja immer gedacht habe, ich sei vielleicht ein bißchen beschränkt. In der Schule war ich alles andere als eine Leuchte, und neben meinem Mann hatte ich immer das Gefühl, der weiß alles, der kann alles, und ich kann eben nur ein bißchen Haushalt.

Mit Stephan war das ein riesiges Problem. Das ging weiter mit der Schulschwänzerei und ich kam ja auch erst abends nach Hause, und er stromerte tagsüber rum. Er war das ja auch überhaupt nicht gewöhnt, daß seine Mutter arbeitet und nicht dauernd für ihn auf der Matte steht. Ich hab' nun hin und her überlegt, was tun. Auf keinen Fall, das wußte ich genau, würde ich seinetwegen zu Hause bleiben und vielleicht für ewige Zeiten von meinem Ex-Mann abhängig sein. Aber so wie's jetzt mit Stephan war, ging es auch nicht.

Ich hab' dann versucht, ganz ruhig mit ihm zu reden, daß wir uns was überlegen würden, damit es besser würde. Und daß ich mir schon überlegt hatte, ein Internat für ihn zu suchen. Nun, er war dann auch einverstanden, denn wir hatten ja nun inzwischen auch dauernd Streit miteinander. Aber ich denke schon, irgendwie hat er sich abgeschoben gefühlt. Er war ja erst von den Geschwistern weg und von seinem Vater, obwohl er sich gerade mit dem überhaupt nicht verstanden hatte, dann zu mir, und ich schicke ihn dann ins Internat. Ich glaub' schon, daß er darunter gelitten hat.

Er hat sich in dem Internat aber wohl gefühlt, hatte auch Freunde dort, hat es also wirklich bis zum Abitur geschafft, wenn auch mit Ach und Krach. Mein Ex-Mann hat also damals schon herumgezetert, denn er mußte ja einen Teil mitzahlen, also er hat sich unheimlich aufgeregt, daß ich nicht fähig bin, ein Kind zu erziehen, und das viele Geld, das er zahlen muß, und hat dann noch angedroht, er würde seine Stelle aufgeben und von Sozialhilfe leben. Nun, es war natürlich alles Gerede, trotzdem packt einen bei so was der Zorn. Das Verhältnis zu Stephan hat sich sehr entspannt durch dieses Internat. Er kam natürlich jedes Wochenende her, er wohnte selbstverständlich weiter bei mir, später kam er sogar manchmal auch während der Woche. Es ist ja nicht weit weg.

Jetzt macht er gerade Zivildienst, und das ist natürlich für seinen Vater eine herbe Nuß, daß er nicht zum Bund geht. Mich hat es gefreut, ehrlich gesagt. Auch das Verhältnis zu den beiden Mädchen hat sich im Laufe der Jahre ganz gut entwickelt. Zuerst waren sie ja furchtbar aufgehetzt durch meinen Mann, der ihnen immer wieder vor die Nase hielt: „Eure Mutter hat Euch verlassen, die ist einfach so mir nichts, dir nichts weggelaufen" oder „Die war durch die Krankheit so durcheinander."

Und der Freund meiner ältesten Tochter, sie ist ja inzwischen schon fast siebenundzwanzig, der hat mir neulich als er mal hier war erzählt, meine Tochter würde überall erzählen, wie toll ich wäre und wie tüchtig und was ich alles geschafft hätte, wo ich jetzt auch gerade übrigens die Meisterprüfung gemacht habe. Na, und daß sie mich so toll findet, das ging mir natürlich runter wie Sahne. Ein schlechtes Gewissen habe ich nicht. Ja, zwischendurch hatte ich es, das ist wahr. Ich hab' natürlich viel über alles nachgedacht, und ich sehe das jetzt so: Ich habe alles getan, was ich konnte, mehr kann ein Mensch nicht tun. Ich hätte meinen Kindern keinen Gefallen damit getan, mich selbst in einer miesen, kaputten Ehe mit einem Mann, der mich verachtet, aufzuopfern. Welch ein Vorbild wäre ich dann meinen Töchtern geworden?

mein Leben ist jetzt wesentlich erfüllter, viel dichter als früher. Das hängt sicher auch damit zusammen, daß ich durch die Krankheit eine ganz andere Lebenseinstellung entwickelt habe. Ich denke mehr nach, ich genieße viel mehr, ich nehme längst nicht mehr alles so als selbstverständlich, ich murkse nicht mehr so in den Tag hinein.

Aber auch die Unabhängigkeit, die Eigenverantwortlichkeit, die Freiheit, das ist ein unheimlicher Gewinn. Auf gar keinen Fall möchte ich noch einmal in einer normalen Familie leben. Ich sage nicht, daß das generell und für alle Menschen ein Schaden wäre, aber für mich war es nicht das Richtige. Ich denke an die Zeit nicht gerne zurück, obwohl ich hab' eben alles als normal empfunden. Schließlich kannte ich nichts anderes. Trotzdem bin ich froh, daß ich noch rechtzeitig die Kurve gekriegt habe.

Ja, es macht natürlich sehr viel aus, daß ich bis jetzt gesund geblieben bin. Meine Ernährung habe ich ganz umgestellt, daß ich kein Fleisch mehr esse, hauptsächlich frisch Zubereitetes, viel Gemüse und Obst, das war für mich auch ein Zeichen dafür, wie sehr sich mein Leben verändert hat.

Freundschaften waren für mich die ganz große neue Erfahrung. Klar, wir hatten früher auch Gäste, ich hab' mich auch mal mit Leuten getroffen, aber fast immer waren das Leute, die irgendwie mit meinem Mann zu tun hatten. Wegen mir kamen die nicht. Sie wurden von uns eingeladen, weil sie uns vorher auch eingeladen hatten. Alles war sehr oberflächlich und seicht. Auch das erschien mir damals normal. Erst als ich allein gelebt habe, und wohl auch erst durch die Krankheit hab' ich gesehen, daß es auch andere, tiefere Beziehungen gibt. Ja, ich habe auch einen Freund. Aber das ist jetzt nicht so, als spielte das die Hauptrolle. Ich habe zwar manchmal das Gefühl, daß er ein bißchen eifersüchtig ist darauf, daß er nicht das Wichtigste in meinem Leben ist. Ich denke, Männer stehen wohl gerne im Mittelpunkt. Und daß ich ihn dann mal nicht besuche, weil ich mich mit meiner Freundin treffen will, die nur an diesem Abend in der Woche kann, nun, dann meckert er schon rum. Aber so ist das nun mal, für mich gibt es andere wichtige Dinge, manchmal auch wichtigere. Und er lebt sein Leben ja schließlich auch, hat seine Freunde, seine Arbeit, für die er oft viel unterwegs ist. Ich stehe nicht immer zur Verfügung, aber er muß mir schließlich auch nicht zur Verfügung stehen. Ich bin freiheitsdurstig geworden. Ich habe mich in sechzehn Ehejahren hauptsächlich nach Mann und Kindern gerichtet. Damit habe ich wohl ausreichend bewiesen, daß ich nicht egoistisch bin. Jetzt lebe ich ein anderes Leben.

Alleinerziehende Väter

Etwa 16 Prozent aller Alleinerziehenden sind **Männer** mit Kindern. Von diesen heute rund 130.000 Vätern ist die Mehrheit geschieden. Auch das ist ein großer Unterschied zu den fünfziger oder sechziger Jahren. Damals waren geschiedene Männer mit Kindern eher die Ausnahme. Wer als Mann alleinerziehend war, war zumeist verwitwet.

Gibt es Unterschiede zwischen alleinerziehenden Müttern und alleinerziehenden Vätern?

Einige Unterschiede weist die Statistik in der Tat auf. Alleinerziehende Väter sind im Durchschnitt älter als alleinerziehende Mütter, haben im Durchschnitt weniger und ältere Kinder und haben im Durchschnitt eine höhere Erwerbsquote, längere Wochenarbeitszeit (arbeiten also weniger Teilzeit) und haben im Durchschnitt ein höheres Nettoeinkommen.

„Im Durchschnitt" – dieser Zusatz ist wichtig. Denn so wenig wie es die „typische" alleinerziehende Mutter gibt, so wenig gibt es den „typischen" alleinerziehenden Vater. Matthias ist einer dieser Väter – in manchem „typisch", in manchem nicht.

„Männer sind im ganzen doch wohl isolierter"

Matthias, 40 Jahre, 13jährige Tochter

Matthias ist Lehrer, und lebt mit seiner dreizehnjährigen Tochter seit neun Jahren alleine.

Unsere Ehe war von anfang an ein ziemliches Chaos. Wir haben geheiratet, weil Sara unterwegs war und weil wir dachten, wir wollten klare rechtliche Verhältnisse schaffen. Wir haben uns eigentlich vorher nicht besonders gut gekannt, und, wenn ich es heute so sehe, wir hatten gar kein solides Fundament, die Beziehung war von vornherein zum Scheitern verurteilt. Andrea war damals dreiundzwanzig, sie sagte selbst, daß sie noch gar nicht richtig wüßte, was sie eigentlich wollte. Sie hat alles mögliche zu studieren angefangen, aber darin war noch keine Linie zu erkennen, mal Biologie, dann mal Deutsch, dann mal Theologie. Sie hat sich nicht festlegen wollen. Ich habe sie regelrecht zur Heirat überredet, aber daß das ein großer Fehler war, das habe ich ziemlich bald gemerkt. Ich meine auch, daß sie damals gar nicht in der Lage gewesen wäre, für ein Kind wirklich die Verantwortung zu übernehmen. Nicht etwa daß sie eine schlechte Mutter gewesen wäre, aber so mit Zuverlässigkeit und so hatte sie es nicht besonders, jedenfalls zum damaligen Zeitpunkt nicht. Ich dachte ja auch, durch das Kind würde sich das alles ein bißchen beruhigen, aber so war es dann nicht. Sie hatte dann bald auch wieder einen Freund, und das hat mich dann schon tief getroffen. Wie kann eine Frau mit einem zweijährigen Kind bloß so herumflippen?

Sie meinte auch, sie fühlt sich von mir so eingezwängt, in so ein bürgerliches Korsett gedrängt, das wäre nichts für sie. Sie würde es mit der Angst kriegen, wenn sie sich nur vorstellte, daß das nun ewig so weitergehen würde, so nach dem Motto, Beamter, zwei Kinder, Einfamilienhaus!

Sie ist dann ausgezogen. Eins muß ich ihr allerdings lassen: Sie hat nicht versucht herumzutricksen, hat fast nichts mitgenommen. Und mit Sara, da hat sie gleich gesagt: „Die ist bei dir besser aufgehoben.“ Also ich kann mich da wirklich nicht beschweren, sie hat kein Theater gemacht, hat keine Ansprüche gestellt, auch keine finanziellen. Wenn ich sehe, was bei anderen oft los ist, dies Gestreite um das Kind, um den Unterhalt, um jede Tasse! Nein, das ging bei uns wirklich alles ganz ruhig und sachlich. Übrigens hat sie dann später doch noch den Dreh gekriegt. Sie hat das Biologiestudium abgeschlossen, und arbeitet jetzt bei einer Umweltbehörde. Also alles ganz solide.

Ja, wie das nun mit Sara und mir ist: Damals war sie vier, als wir dann endgültig alleine wohnten. Sara ging da noch in den Kindergarten.

Wenn du mich fragst wo der Unterschied liegt zwischen einem alleinerziehenden Vater und einer alleinerziehenden Mutter:

Also das Problem mit Beruf und Kind, Kinderbetreuung zu organisieren, auch erst mal nach der Scheidung wieder alles in normale Bahnen zu bringen, also ich glaube, das Problem haben alle. Ich bin ja dann, als ich mit Sara allein war, in eine Gruppe Alleinerziehender gegangen, und da waren außer mir fast nur Frauen, klar. Manchmal kam auch noch ein anderer alleinerziehender Vater dazu, aber eher selten. Und da sind mir dann doch schon so ein paar Unterschiede aufgefallen, aber weil ich so wenig alleinerziehende Väter kenne, weiß ich nicht, ob man das verallgemeinern kann.

Das fing schon erst mal damit an, daß ich in die Gruppe gegangen bin, weil ich eine neue Partnerin suchte. Das gebe ich unumwunden zu, und ich kann auch nichts Schlimmes daran sehen. Ich bin nun mal ein ziemlich konservativer Mensch von Haus aus, und was ist Schlechtes daran, wenn man in einer ganz normalen Familie leben will? Ich hatte mir natürlich gedacht, daß ich in so einer Gruppe jemanden finden könnte, aber ich habe auch noch andere Sachen versucht, Anzeigen aufgegeben und so. Damals hat sich übrigens nichts Ernsthaftes ergeben, das war wohl bei mir alles noch zu unverarbeitet, für eine neue Bindung war vielleicht noch kein Platz. In der Gruppe gab es Unterschiede. Ein paar von den Frauen, die hatten so einen, na, vielleicht nicht gerade Haß, aber so eine Abneigung gegen Männer, so habe ich das jedenfalls damals empfunden, und sie sagten alle: „So richtig Ehe und so, nein, nie wieder." Das konnte ich damals überhaupt nicht verstehen. Ich hätte nach der Scheidung gern gleich wieder geheiratet, aber die haben nur herumlamentiert, wie sie in der Ehe unterdrückt wurden.

Also alles das, was man jetzt so manchmal hört: Alleinerziehung als Befreiung und neue Lebensform und so, also ich glaube nicht, daß man das von einem alleinerziehenden Vater hören würde. Zum Beispiel sagte mir eine Frau dann auch mal: „Ja, wenn du eine Frau hast, dann hast du jemand, der dich versorgt, der deinen Haushalt macht und so" – obwohl es bei mir ja nun gerade mal nicht so war -, „Du hast den Rücken frei für deine Arbeit. Aber wenn ich einen Mann habe, dann muß ich den auch noch zusätzlich zu meiner Arbeit versorgen." Also, so hat sie es gesehen. Da frage ich natürlich auch: Warum macht sie dann auch alles? Es wird doch niemand dazu gezwungen, sich den ganzen Haushalt alleine aufzuhalsen.

Ja, das ist richtig, es gibt schon gewalttätige Männer, das hört man ja auch allenthalben. Aber da habe ich mich dann manchmal wieder gefragt, wenn ich dann solche Geschichten gehört habe: ‚Warum haben die den Typen überhaupt geheiratet?' Oft ist ja vorher schon so etwas passiert, daß der die Frau geschlagen hat, wenn er betrunken war oder so. So jemanden braucht man doch nicht auch noch zu heiraten!

Also das habe ich schon als Unterschied empfunden, daß bei den Frauen gleich die ganze Mann-Frau-Geschichte eine Rolle spielt, vielleicht ist das nicht immer so, aber in der Gruppe war es eben so. Die haben sich gleich über alle Männer ausgelassen, und das ging mir dann auch ziemlich auf die Nerven.

Ich bin dann trotzdem weiter hingegangen, denn manchmal war es auch sehr nett. Und ich habe ja auch eine Menge mitgekriegt, und es waren wirklich nette Leute dabei. Der Hauptgrund war dann aber, daß sich Sara in der Kindergruppe unheimlich wohl gefühlt hat, die hatte dann schon Freunde, und die hat sich immer riesig auf das Treffen gefreut. Andererseits war ich ja wie der Hahn im Korb, das fand ich auch nicht gerade schlecht.

Was mir noch aufgefallen ist: Ich wurde immer unheimlich bewundert, wie ich das alles so mache, daß ich die Sara ganz normal versorge und daß sie anständig angezogen ist. Irgendwie fand ich das schon ein bißchen inkonsequent, daß mir gerade Frauen Hilfe anboten, die kurz vorher herumlamentierten, daß sich Männer immer bedienen lassen. Also zum Beispiel, einmal haben wir uns in meiner Wohnung getroffen, und da ging's schon los: „Ach, was hast du's gemütlich" und „Was hat Sara für ein schönes Zimmer!" Da meinten sie wohl, sie müßten mich deshalb extra loben, denn die anderen, wir haben uns ja immer reihum getroffen, die hatten's auch gemütlich. Aber vielleicht war ich auf dem Ohr auch nur immer ein bißchen empfindlich, es kann ja sein, daß sie es alle nur gesagt haben, weil sie zum erstenmal bei mir waren.

Aber trotzdem gab es dann Sachen, da hätten sie bei einer Frau nichts gesagt. Da ging Sara ein Knopf von der Jacke ab, und ich habe gesagt: „Komm, ich näh' ihn dir gleich an." Das haben die anderen derart bewundert, als wäre ich zum Mond geflogen. Das hat mich dann ziemlich geärgert, obwohl es freundlich gemeint war, und ich habe ihnen gesagt: „Was soll das denn? Ich habe zwei gesunde Hände und einen normalen Verstand, warum soll ich nicht, wie Millionen Frauen, auch mal einen Knopf annähen können?" Andererseits hat das auch wieder ganz schön Nachteile, daß man den Männern den Haushalt nicht so zutraut. Als wir zum Beispiel eine größere Wohnung suchten, da war das zuerst alles immer kein Problem, wenn ich angegeben habe, Beamter, Lehrer und so. Wenn der Vermieter dann aber merkte, da ist keine Frau dabei, dann guckte der gleich ganz skeptisch. Einer sagte dann mal: „Also alle zwei Wochen sind Sie dran, die Treppe zu putzen. Ich weiß nicht, ob die Nachbarin das für Sie mitmachen will." Na, so was ärgert einen natürlich. Also, daß ein Haushalt ohne Frau verkommt, das ist wohl so ein allgemein gängiges Vorurteil. Daß es ganz normal aussieht, das wird einem schon als etwas ganz Besonderes honoriert. Wie gesagt, das hat Vorteile und Nachteile.

Daß einem mehr Hilfe angeboten wird als Frauen, das möchte ich persönlich bezweifeln. Manchmal meine ich sogar, es ist eher das Gegenteil der Fall. Die meisten Frauen haben nämlich irgendeine gute Freundin, oder sie helfen sich untereinander. Da denke ich, da sind Männer im ganzen doch viel isolierter. Sicher, am Anfang läuft da so was wie eine Mitleidswelle, da tut man allen furchtbar leid, vor allem wird dann auf die Ex-Frau geschimpft, wie die so schrecklich sein kann und ihr Kind im Stich läßt. Da kam ich schon manchmal in die komische Situation, daß ich Andrea verteidigt habe. Denn was heißt schon im Stich lassen, schließlich war Sara bei mir, ich bin der Vater, und bei mir ist sie gut aufgehoben und versorgt, und Andrea hat sie ja schließlich nicht in ein sibirisches Kinderheim gesteckt!

Dieses ganze Mitleidsgedöns das ist vielleicht am Anfang so, daß Leute dann sagen: „Wenn du mal jemanden brauchst..." Das ebbt nach einer Weile ab. Vielleicht weil sie sehen, daß man doch alleine ganz gut zurechtkommt. Oder ob es vielleicht auch Angst ist, man könnte sie beanspruchen? Das weiß ich nun nicht. Jedenfalls habe ich inzwischen das Gefühl, daß da bei den Frauen mit gegenseitiger Hilfe mehr läuft. Wenn mir überhaupt jemand bei der Kinderbetreuung oder in Alltagsfragen Hilfe angeboten hat, waren es übrigens sowieso bloß Frauen. Meine Freunde haben sich da ziemlich zurückgehalten, gleich von Anfang an. Vielleicht dachten die auch, ich mache mich an ihre Frauen ran.

Nun, den größten Unterschied sehe ich aber eigentlich darin, daß Männer gar nicht auf den Gedanken kommen, sich jahrelang, weil sie alleinerziehend sind, zu Hause hinzusetzen und von Sozialhilfe zu leben oder sogar noch um Unterhalt von der Ex-Frau zu kämpfen, nur weil sie jetzt das Kind versorgen. Also das mag es vielleicht geben, aber so jemanden habe ich noch nicht getroffen. Man hat ja als Mann meist den Vorteil, daß man immer berufstätig war, auch als man noch verheiratet war, und nicht wie die Frauen oft jahrelang ausgesetzt hat.

Trotzdem verstehe ich das nicht, wenn dann eine Frau mit einem zehnjährigen Kind sagt, sie könne nicht arbeiten, weil das Kind das nicht verkraftet. Na ja, das muß jeder selbst wissen. Wenn sich ein Ehepaar so einigt, daß die Frau zu Hause bleibt, gut. Aber so einen Lebensstil jahrelang fortzusetzen, wenn man geschieden ist, ich glaube, so etwas wäre für einen Mann undenkbar. Ich persönlich würde auch nicht auf Teilzeit gehen wie viele alleinerziehende Frauen. Mir wäre das einfach zu wenig Geld. Aber da sind die Frauen, glaube ich, anspruchsloser. Ich arbeite lieber voll, mit all den Vorteilen, die das ja schließlich auch hat, man kommt im Beruf besser weiter, wird beim Aufstieg eher berücksichtigt, und man verdient natürlich auch mehr Geld. Und dann leiste ich mir eben eine Putzfrau, die macht einmal in der Woche richtig sauber. Bei den Frauen sehe ich das eher so, daß sie weniger arbeiten, weniger verdienen, aber dafür dann lieber selber putzen.

Okay, als Lehrer hat man vielleicht besser die Möglichkeit, das alles zu organisieren, weil die Arbeitszeit günstiger ist, und die Schulferien, das macht natürlich alles auch was aus. Aber allein daran kann es nicht liegen, denn ich sehe das auch bei Kolleginnen: Da sind viele, die sobald sie ein Kind haben, nur noch Teilzeit arbeiten. Auch die Alleinerziehenden.

Sara hat sich nun wirklich sehr gut entwickelt. Sie ist jetzt in einer Gesamtschule, die auch eine Ganztagsschule ist. Sie hätte nach der Grundschule vielleicht zu mir in die Schule kommen können, das wäre vielleicht einerseits ganz praktisch gewesen mit der Fahrerei und so, aber das wollte ich dann doch nicht. Und daß es eine Ganztagsschule hier gab, das war für uns dann schon die ideale Lösung.

Kontakt zur Mutter war immer da. Am Anfang allerdings haben sie sich eher selten gesehen, so alle drei Monate ungefähr. Meine Ex-Frau wohnte anfangs ja auch weit weg, weiter als jetzt, und dann ist Sara eben ein paar Tage geblieben. Natürlich gab das für mich ein arges Problem. In der WG, in der sie wohnte, ging es ziemlich drunter und drüber. Wenn

Sara dann zurückkam, da hatte ich immer erst wieder ein paar Tage zu tun, um sie an ein normales Leben zu gewöhnen. In letzter Zeit fährt sie öfter hin, sie kann ja auch jetzt inzwischen alleine fahren.

Sie fährt gern zu ihr. Ich muß ehrlich sagen, daß ich da vielleicht auch ein bißchen eifersüchtig bin, also daran hatte ich schon eine Zeitlang zu kauen. Besonders weil meine Ex-Frau jetzt einen festen Freund hat, das geht schon ein paar Jahre, und der hat zwei Kinder, die besuchen ihn dann auch, wenn Sara kommt. Klar, daß Sara das toll findet. Die sind ein bißchen jünger als sie, und sie kommen ganz gut miteinander aus. Nun ist es also so, daß es bei der Mutter lustiger ist als bei uns, es ist einfach mehr los dort. Hier läuft eben alles seinen Alltagstrott, obwohl Sara natürlich auch hier Freundinnen hat, es kommen Kinder zu Besuch und sie geht zu ihnen. Aber bei ihrer Mutter, da machen sie dann eben was Besonderes. Es ist ja auch eine Besuchssituation und nicht das Normale.

Immer alleine leben möchte ich nicht. Andererseits scheint es jetzt aber so, daß sich mein Traum von einer richtigen Familie wohl auch nicht erfüllen wird – leider. Ich habe in den Jahren natürlich ein paar nette Frauen kennengelernt. Aber komischerweise waren sie eher so, daß sie keine Kinder wollten, oder es klappte nicht zwischen Sara und ihnen. Oder, wenn schon Kinder da waren, daß die Kinder sich nicht verstanden. So mit „meine Kinder – deine Kinder", das klappt vielleicht im Fernsehen, im wirklichen Leben geht das wohl selten.

Ich habe jetzt seit anderthalb Jahren eine Freundin, aber wir wohnen nicht zusammen. Sie hat auch gleich gesagt, sie wollte kein Muttterersatz sein. Sie selbst hat keine Kinder und möchte auch keine. So ist das also zwischen uns eine reine Freizeitbeziehung. Ich sehe darin auch Vorteile, wenn man nicht so aufeinander hockt. Sie versteht sich mit Sara ganz gut, aber sie mischt sich in nichts ein, was zwischen Sara und mir ist.

Ich bin froh, daß es jetzt so ist. Denn wenn da dauernd jemand an Sara herumerziehen würde, das wäre mir auch nicht recht. So haben wir jeder unser eigenes Leben, aber dann auch wieder Sachen, die man zusammen machen kann. Ob unsere Beziehung nun von Dauer sein wird, weiß ich nicht. Ich würde es mir aber wünschen.

Junge Mütter

Zwar ist das statistische Durchschnittsalter der Frauen, die unverheiratet Mutter werden, in den letzten Jahren kontinuierlich gestiegen und unterscheidet sich kaum noch von dem verheirateter Mütter; das heißt aber nicht, daß es nicht auch heute noch eine große Zahl lediger Mütter gäbe, die sehr jung sind, wenn ihr Kind geboren wird. Sie selbst haben sich oft erst vor kurzem aus ihrem Elternhaus gelöst und stehen vor ganz anderen Problemen als so „gestandene" Frauen wie Maria und Monika.

Junge ledige Mütter, manchmal gerade erst an der Schwelle zum Erwachsensein, sind in einer besonders schwierigen Lage: Sie sind meist noch ohne abgeschlossene Berufsausbildung oder, wenn sie wie die Erzählerin Stefanie, einen Beruf gelernt haben, sind es im allgemeinen Berufe mit geringem Einkommen. Je jünger sie sind, um so niedriger ist ihre tarifliche Bezahlung, so daß ein Kind meist ihre finanziellen Möglichkeiten an den Rand des Existenzminimums bringt. Sozialhilfe und Erziehungsgeld sind eine kurzfristige Hilfe, sie stellen aber, wie Stefanie sehr schnell erkennt, keine dauerhafte Perspektive dar; das Erziehungsgeld endet nach zwei, spätestens (je nach Bundesland) aber nach drei Jahren, und die Sozialhilfe ist ohnehin nicht dazu angetan, Eigenständigkeit und Selbstbewußtsein zu geben, zumindest dann nicht, wenn eine Mutter sich darauf einstellt, für sich und ihr Kind eine dauerhafte und tragfähige Existenzgrundlage zu schaffen. Wer vom Leben mehr will, als Trostpflästerchen und Wohltätigkeit entgegenzunehmen, muß wohl oder übel selbst etwas tun; und das ist besonders dann schwierig, wenn eine Mutter noch jung ist und erst am Anfang ihrer beruflichen Pläne steht.

„Warum denkt der Staat sich eigentlich nie ein Vater-Kind-Programm aus?“

Stefanie, 26 Jahre, 5jährige Tochter

Ich hätte mir was Besseres gewünscht, als eine alleinerziehende Mutter zu werden. Da konnte ich mir also wirklich nichts Gutes drunter vorstellen. Wenn da so eine Frau in unsere Praxis kam – ich war ja Arzthelferin bei einem Kinderarzt -, und wenn sie dann sagte: „Ich bin alleinerziehend“, dann wußte ich gleich: Aha, Sozialhilfeempfängerin und irgendwie arm dran. Daß sie alleinerziehend waren, das schoben sie immer als so eine Art Entschuldigung vor sich hin für alles mögliche: daß sie nicht arbeiten konnten, daß sie dies nicht konnten und daß sie das nicht konnten. Das machen vielleicht nicht alle so, aber damals war das eben mein Eindruck. Es gab natürlich auch andere, die waren ganz patent, aber die haben das auch nicht so herausgekehrt mit ihrem Familienstand, da habe ich es eigentlich nur an der Karteikarte gemerkt, auf der dann nur die Mutter draufstand. Aber die, die's immer extra betont und herausgekehrt haben, die waren nicht gerade die großen Vorbilder.

Eigentlich wollte ich gar nicht Mutter werden, jedenfalls nicht so früh. Ich war ja noch nicht mal einundzwanzig, da hätte ich lieber noch ein paar Jahre Freiheit brauchen können. Als Arzthelferin habe ich zwar nicht die Welt verdient, aber ich hatte eine ganz günstige Wohnung, mit einer Freundin zusammen, eine kleine, enge Wohnung, nur zwei Zimmer, für jede eins. Aber das hat mir gereicht, ich war sowieso nie viel zu Hause. Ich war dauernd unterwegs, bin oft in Discos gegangen, und dann habe ich auch noch Sport gemacht. Ich habe in einer Volleyball-Mannschaft gespielt, da waren wir auch viel am Wochenende weg. Also ich bin nicht gerade der seßhafte Typ.

Ich muß auch ganz ehrlich sagen, wenn ich rechtzeitig die Schwangerschaft gemerkt hätte, dann hätte ich Laura wohl nicht bekommen. Damit Sie mich nicht mißverstehen: Laura ist ein tolles Mädchen, sie ist mein ein und alles, und ich möchte sie um nichts in der Welt missen. Sie ist ein richtig kleines pfiffiges Prachtkind. Das hört sich jetzt vielleicht so an, als wollte ich angeben. Aber es ist die reine Wahrheit.

Deshalb hört sich das sogar für mich selbst heute unmöglich an, wenn ich sage, damals hätte ich abgetrieben, wenn ich früh genug gemerkt hätte, daß was unterwegs war. Aber bei mir war der Rhythmus immer ziemlich unregelmäßig gewesen, außer eben wenn ich die Pille genommen habe. Zu dem Zeitpunkt hatte ich ja gerade Pause gemacht, und da hatte ich meine Tage mal und mal nicht, also auch noch am Anfang, als Laura unterwegs war.

Also die Pille habe ich schon ziemlich früh genommen, ich habe nicht grad wie eine Nonne gelebt. Als ich Pause gemacht habe, da ist das eben mit Lauras Vater passiert. Er wußte, daß ich die Pille nicht nehme, und er hatte selbst natürlich nichts dabei. Na, und er sagt, er paßt schon auf. Und hinterher sagt jeder: „Wie kannst du nur so blöd und naiv sein", und ich frage mich das natürlich heute schon längst. Meine Freundin sagt noch: „Das ist ja nun wirklich die sicherste Methode, ein Kind zu kriegen."

Also heute denke ich, irgendwie hat mich das eben beeindruckt, daß er schon so alt war. Er war vierzig, ich zwanzig, er war also doppelt so alt wie ich, und da hat mir wohl mein Unterbewußtsein einen Streich gespielt, weil ich ihn eben für so erfahren hielt. Verheiratet war er auch, zwei Kinder. Aber das habe ich erst später so genau erfahren, mir hatte er erzählt, er lebte seit Jahren von seiner Frau getrennt. Er hat mich also angelogen, was, ehrlich gesagt, ziemlich überflüssig bei mir war. Warum er mir da so die Schau von dem alleinlebenden flotten Vierziger vorgemacht hat, weiß ich nicht, vielleicht bloß um anzugeben. Ich denke, er ist so ein Typ, er will gern nach außen hin so den tollen, aufgeschlossenen Typen spielen, der viel Geld ausgibt. Ja, ein bißchen imponiert hatte mir das schon, er sieht gut aus, fährt teure Wagen, und mit zwanzig beeindruckt einen so was auch. Andererseits, daß er verheiratet war, hätte er mir ruhig sagen können. Großartig gestört hätte es mich nicht, weil ich erstens keine Heilige bin und zweitens ihn ja schließlich auch nicht heiraten wollte. Ich wollte mich überhaupt nicht an irgend jemanden fest binden, ich habe das richtig genossen, keinen festen Freund zu haben. Ich fand immer, sobald ein fester Freund da ist, sind die Mädchen so unter der Fuchtel, so bieder und so eingezwängt. Das wollte ich nicht, auch nicht bei einem Mann mit viel Geld.

Ein schlechtes Gewissen, daß er verheiratet war, habe ich nicht. Auch heute nicht, nachdem ich weiß, daß er eben gar nicht von seiner Frau getrennt lebte, sondern ein ganz braver Familienvater war – jedenfalls nach außen hin. Von Laura hat seine Frau auch erst vor kurzem erfahren. Sie weiß es erst seit einem Jahr, da hat sie zufällig einen Brief vom Jugendamt in die Finger gekriegt, weil Markus, also ihr Mann und Lauras Vater, dauernd mit den Unterhaltszahlungen im Rückstand war. Und da hat sie auch mal hier angerufen und mir am Telefon gesagt, wie schockiert sie sei und, so unterschwellig mit dem Vorwurf, wie ich den so was hätte machen können, wo ihr Mann doch verheiratet ist und zwei Kinder hat. Na, ich habe sie dann erst mal aufgeklärt, daß ihr Mann eben woanders ganz was anderes erzählt und im stillen habe ich mich auch gewundert, wie eine Frau so unwissend sein kann. Also dem Markus sieht man, find' ich, schon meilenweit an, daß er auf Frauenfang ist. Nicht, daß mich das persönlich gestört hätte, denn wir wollten schließlich beide dasselbe, aber eine Ehefrau kann doch nicht so harmlos sein, wenn sie einen Mann hat, der dauernd mit flotten Autos herumfährt, so als Pharmareferent immer von zu Hause weg ist... Na gut, ist schließlich nicht mein Problem. Nur daß sie mir dann so hintenrum Vorwürfe macht, das hat mich schon genervt. Das habe ich auch später noch erlebt, beim Jugendamt und auch sonst. Da bin ich schon stinksauer, wenn so was immer wieder mal aufs Tapet kommt. Denn erstens habe ich es damals nicht gewußt, weil er mich angelogen hat, zweitens war er hundertprozentig genauso beteiligt wie ich, und drittens: Wo leben wir überhaupt, in welchem Jahrhundert?

Aber das ist jetzt alles schon weit vorausgegriffen. Damals, als ich dann – viel zu spät – merkte, daß was unterwegs war, da war bloß noch ein Gedanke: ‚Jetzt ist alles vorbei, deine ganze Jugend, alles.' Meine Freundin, die wollte mir damals noch helfen, und sie meinte, es gäbe sicher auch noch eine Möglichkeit, es wegzumachen. Sie würde jemand kennen, der wieder jemand kennt und so. Da habe ich gleich gesagt: „Nee, vor so was habe ich Angst, das ist mir zu gefährlich." Und mit Adoption, daran habe ich eben auch mal gedacht, da muß ich heute zu meiner Entschuldigung sagen, das war erst mal die totale Depression. Ich denke, in der Zeit habe ich auf andere gewirkt, als wäre ich total weggetreten. Ich habe nichts mehr auf die Reihe gekriegt, bin auch erst mal in keine Beratung gegangen, der Arzt hatte mir da so ein Zettelchen in die Hand gedrückt von irgendeiner Beratungsstelle und Hilfe für Mutter und Kind und so was, das habe ich gleich weggeschmissen. Ich wollte kein Kind und wollte auch sonst nichts.

Wenn ich da heute noch daran denke! Gerade ist es erst ein paar Tage her, da hat mich meine Freundin besucht, Anne heißt sie. Ja, wir sind immer noch Freundinnen, und sie ist in Laura ganz vernarrt. Da habe ich zu ihr gesagt: „Weißt du noch, daß du mir das damals gesagt hast mit Abtreibung und so?" Sagt sie doch glatt: „Nee, da mußt du was verwechseln!"

Ich erinnere mich aber noch genau, und ich meine, sie hat es nur verdrängt, weil ihr das jetzt peinlich ist.

Ja, ich habe mich dann natürlich bald darauf wieder gefangen. Ich bin schließliche kein Mensch, der sich einfach so hängenläßt. An sich bin ich ein ziemlich optimistischer Typ, und ich denke, ich kann auch aus allem irgendwie das Beste machen.

Dann mußte ich es ja erst mal meinem Chef sagen wegen Mutterschutz und so. Na, begeistert war er nicht gerade, aber er meinte dann, als Kinderarzt könnte er sich ja nicht drüber aufregen, daß Frauen Kinder kriegten. Und ich würde ja dann sicher ins Mutter-Kind-Programm gehen, dann würde er sich eben nach jemand Neuem umsehen müssen. Ich hatte da noch gar keine konkreten Pläne, aber von diesem Mutter-Kind-Programm hatte ich durch die Praxis schon ein bißchen was mitgekriegt. Ich habe mir das so vorgestellt, daß das eine Art Spezialprogramm war für Alleinerziehende, die nicht so ganz zurechtkommen. Das fand ich zwar nicht ausgesprochen attraktiv, aber, wie gesagt, was Genaues wußte ich nicht. Erst mußte ich auch mal an andere Sachen denken, Wohnung, Möbel und so weiter. Denn die zwei Zimmerchen mit meiner Freundin, das wäre mit Kind eine Katastrophe, nicht mal 50 qm, also so wollte ich's nicht. Und find' hier mal 'ne anständige Wohnung als junge Frau mit 'nem Kind – aussichtslos! Ich hätte es verschweigen können, daß da was Kleines unterwegs war, aber den Nerv hatte ich dann auch wieder nicht.

Und da sagten dann meine Eltern: „Wir kaufen dir eine Eigentumswohnung hier in K., das ist dann für uns gleich eine Kapitalanlage, und du bist in der Nähe."

Das wollte ich schon mal ganz und gar nicht. Da muß man wissen: K. ist eine Kleinstadt, so ungefähr 50 km von hier, und meine Eltern haben da ein Lederwarengeschäft, das auch ziemlich bekannt ist. Wir sind da überhaupt bekannt wie bunte Hühner. Deshalb bin ich gerade weg, weil den Namen gibt es nicht so oft, und jeder fragt, wenn ich meinen Namen sage: „Ach, gehört euch das Geschäft da in der Hochstraße?" Aber sonst muß ich anerkennen: Meine Eltern haben richtig super reagiert für ihre Verhältnisse. Keine Vorwürfe, so in der Art: „Das mußte ja so kommen" oder so, denn damals, als ich auszog, da war ich gerade achtzehn und sie waren überhaupt nicht einverstanden. Und jetzt hätten sie eben sagen können: „Siehste!" Aber das haben sie nicht gesagt, und das rechne ich ihnen doch hoch an. Trotzdem: Wieder zurück, wieder in die Stadt, und alle kennen einen, nee danke.

Also war ich schon so darauf eingestellt: ‚Dann bleibst du eben erst mal hier in dem Zimmerchen.' Dazu muß ich auch noch sagen, daß diese Wohnung eigentlich gar keine richtige

Wohnung war, und für jemand mit ‚nem Säugling denkbar ungeeignet, weil das Bad und Klo ganz unten waren und die Küche eine Etage drüber. Alles in allem eine ziemliche Bruchbude, außerdem mit wenig Licht. Uns beide hat es nie gestört, wir waren ja auch ziemlich viel auf Achse. Wäre es eine richtige normale Wohnung gewesen, dann hätte man ja auch sagen können, daß Anne auszieht und ich drin bleibe. Aber so gab es eben nichts, es mußte was Besseres her. Und von meinen Eltern wollte ich mir nicht schon gleich am Anfang dauernd helfen lassen müssen.

Ich bin dann doch zur Beratung, also zur Caritas, und die haben mir dann tatsächlich geholfen. Eine kleine Wohnung haben sie mir besorgt, anderthalb Zimmer, Küche, Bad, Sozialwohnung in einem Neubauviertel. Zur Wohnungseinrichtung haben sie mir auch noch was beigesteuert, Kinderbett, Wickelkommode und ein kleines Schränkchen. Als Arzthelferin in meinem Alter verdient man so gut wie gar nichts, da fällt man spielend leicht unter die Bedürftigkeitsgrenze. Gut, ich hätte ja auch von meinen Eltern was kriegen können, die haben ja ziemlich Geld, aber das habe ich gar nicht erst erwähnt, da hatte ich so den Standpunkt: ‚Holst' erst mal raus, was du kriegen kannst.' Am Anfang war ich da auch noch gar nicht so empfindlich, daß ich da praktisch auf dem Status von 'nem Bettler war, also schön „Bitte, bitte" machen mußte und: „Ach, ich bin ja so arm", das hat mir zuerst nichts ausgemacht, weil die Leute nett waren und weil es dann eben was umsonst gab. Hauptsache, man machte sich schön klein und dramatisiert ein bißchen herum. Dann gibt es etwas. Wer ehrlich ist und sagt, daß er vielleicht noch irgendwo was gespart hat, der kriegt eben nichts. Da habe ich erst viel später darüber nachgedacht, als ich schon im Mutter-Kind-Programm war, daß ich das alles eigentlich nicht richtig finde. Damals war ich froh, daß das alles so geklappt hat.

So, und nach der Geburt von Laura bin ich dann eben in dieses Mutter-Kind-Programm gegangen. Das ist hier so in Baden-Württemberg: Da bekommt man drei Jahre lang Sozialhilfe, egal wieviel Geld die Eltern haben. Also auch, wenn die Eltern richtig viel Knete haben wie bei mir, bekommt man die Sozialhilfe und noch das Erziehungsgeld obendrein. Erst Bundeserziehungsgeld und dann Landeserziehungsgeld. Bedingung ist, daß man nicht arbeitet und daß man keine Ausbildung in der Zeit macht. Inzwischen bekommt man als Alleinerziehende ja sowieso elternunabhängige Sozialhilfe, solange das Kind noch nicht schulpflichtig ist, aber damals gab es das noch nicht überall. Und drei Jahre Erziehungsgeld das ist natürlich auch was Feines. Bei mir war es so, daß es viel mehr Geld war, als wenn ich gearbeitet hätte. Und nachher auch bei den anderen Frauen, die ich kennengelernt habe, die sagten fast alle, soviel Geld hatten sie noch nie. Wenn sie dann nachher aus dem Mutter-Kind-Programm raus waren und nur noch Sozialhilfe bekommen haben, keine Arbeit hatten und nichts, dann haben sie sich oft ganz schön umgeguckt und kamen gar nicht mehr richtig in die Gänge. Drei Jahre nur so mit Kleinkind, davon wird man auch nicht klüger.

Ja, und da ist also nun die Bedingung dafür, daß man das ganze Geld bekommt als Teilnehmerin im Mutter-Kind-Programm, daß man sich alle vierzehn Tage – so ungefähr in dem Rhythmus war das bei uns, manchmal ist das auch anders – mit anderen Alleinerziehenden trifft. Da ist dann eine Sozialarbeiterin dabei, die das Ganze praktisch organisiert und beaufsichtigt. Beaufsichtigt ist vielleicht etwas bösartig ausgedrückt, denn eigentlich, so steht das auch im Prospekt, soll sie uns „betreuen". Aber indirekt ist es eben doch so eine Art Aufsicht. Ja, ich denke mir schon, daß es so was wie eine Kontrolle sein soll, da kann die Sozialarbeiterin nun noch so nett und freundlich sein. Die wird nämlich ihrerseits auch noch mal kontrolliert, das haben wir nämlich bei unserer gemerkt. Die war immer so ganz aufgeschlossen, hat uns auch immer gesagt, worauf man achten muß. Zum Beispiel, daß man kein neues Auto hat, sondern das eben lieber jemand anderem überschreiben soll, weil nämlich ein neues Auto für das Sozialamt ein „Vermögen" ist, und man muß ja erst sein ganzes

Vermögen aufbrauchen und bekommt erst dann Sozialhilfe. Das heißt, man muß eben ein neues Auto verkaufen. Oder eine andere Frau, die eine Erbschaft gemacht hatte, da hat sie ihr ganz schnell den Trick gesagt, sich was Größeres dafür zu kaufen, was Antiquarisches mit ideellem Wert. Das braucht man dann nämlich nicht mehr zu verkaufen. Ja, und hin und wieder hat sie mal ein Auge zugedrückt, zum Beispiel bei einer Frau, die noch Abendkurse besucht hat. Das darf man ja eigentlich auch nicht. Nun, als das rauskam, hat man ihr mit Kündigung gedroht. Sie ist selbst alleinerziehend, hat ein Kind und kann sich das nun nicht gerade leisten, arbeitslos zu sein. Nun ist sie also inzwischen eine ganz Rigide geworden und paßt schön auf, daß sie nichts Falsches sagt.

Nun ja, die Treffen, die sind schon ganz nett. Je nachdem, wer daran teilnimmt. Der Vorteil ist, man lernt Leute kennen, die Kinder im selben Alter haben, und die sind ja alle auch alleinerziehend. Da gibt es schon auch mal Freundschaften. Im großen und ganzen habe ich aber nicht viel davon gehabt, denn mit Säuglingsnahrung und so was alles, da habe ich mich ja nun auch schon ein bißchen ausgekannt, allein schon durch meinen Beruf als Arzthelferin in der Kinderarztpraxis. Und nur immer Leute mit kleinen Kindern und immer das Gerede übers Kind, was es heute macht und was es gemacht hat und was es jetzt schon wieder kann, das finde ich, da ist wirklich überhaupt keine Herausforderung mehr dabei. Mit so 'nem Kind hat man dauernd zu tun, und man tut doch nichts Gescheites. Zuerst findet man es auch toll: Drei Jahre braucht man nicht zu arbeiten und kriegt gut Geld in der Zeit. Nach einer Weile kommt man sich aber vor wie ein vollkommen unerwachsener Mensch. Man kann nichts frei entscheiden, weil das Sozialamt einen fest an der Kandare hat, und richtig was Gescheites tun kann man auch nicht. Also das mit dem Geld mag alles schön und gut sein, aber ein selbständiger Mensch wirst du durch so was nicht. Da baust du praktisch null Selbstbewußtsein auf.

Manchmal, wenn wir da so zusammensaßen in dieser Mutter-Kind-Gruppe mit der Sozialarbeiterin und wieder mal darüber redeten, wie man das alles jetzt richtig macht so mit dem Kind und mit dem Besuchsrecht und mit den Vätern, von denen die meisten keinen Unterhalt zahlten, die einen, die sich überhaupt nicht mal ums Kind kümmerten, und die anderen, die vielleicht die Mutter dauernd drangsalierten und zu jeder ungebetenen Stunde anriefen oder das Kind haben wollten, also da war ja die ganze Palette vertreten, ja, als ich mir das so angeguckt habe, da dachte ich: Warum denkt der Staat sich eigentlich nie ein Vater-Kind-Programm aus?

Man könnte sich also doch zum Beispiel mal vorstellen, der Staat oder irgend so eine Frauenministerin, die entdecken dann folgendes: Eine Menge Männer zeugen Kinder und kümmern sich dann einen Dreck darum, wie die erwachsen werden. Also da möchte ich mal sagen, daß ich das auch so bei vielen Verheirateten sehe. Meine Cousine zum Beispiel, die lebt mit einem Mann zusammen, und der ist dauernd weg. Oder zum Beispiel auch Lauras Vater. Der hat ja selbst zwei Kinder mit seiner Frau, ist da aber praktisch nie zu Hause, und hat Laura, na und für sie zahlt er nicht mal Unterhalt. Jetzt ja schon, aber zuerst nicht. Also der lebt genauso wie jemand, der überhaupt keine Kinder hat. Oder wenn ich dann zum Beispiel an Leute aus unserem Mutter-Kind-Programm denke, zum Beispiel eine, die hat jahrelang mit dem Vater zusammengelebt, und der wollte unbedingt ein Kind, und als es dann endlich soweit war, da kriegt er die Muffen, zieht aus und sagt: Also diese ganze Verantwortung und so, soweit wär' er noch nicht. Und das Gegenteil, eine andere Frau kriegt mehr oder weniger zufällig von einem Typen ein Kind, und der benutzt das jetzt dauernd, um zu jeder Tages- und Nachtzeit, wann immer es ihm paßt, bei ihr reinzuschneien und zu gucken, wie es dem Kind geht. Sie sagt auch schon: Wenn sie gewußt hätte, daß sie von dem nie mehr loskommt, dann hätte sie es nicht bekommen. Da hat sie es noch gut, denn bei noch einer anderen, die hatte sich getrennt, ist also selbst gegangen, da war er so beleidigt, daß er ihr nun aus Rache ständig das Jugendamt auf den Hals hetzt. Sie würde das Kind vernachlässigen und was weiß ich. Also was ich sagen will: Die Männer wissen mindestens sowenig wie die Frauen, wenn nicht noch viel weniger, wie sie es mit 'nem Kind richtig anstellen sollen. Vor allen Dingen dann nicht, wenn sie vielleicht mit der Mutter gar nicht zusammenleben. Von Ausnahmen mal abgesehen, wo die Leute sich wirklich irgendwie vernünftig einigen. Warum gibt es für die nicht auch ein Programm, wo sie lernen können, sich wenigstens mal Gedanken darüber zu machen und mal mit anderen zu besprechen, wie sie es richtig machen. Aber nein, die leben alle so weiter wie vorher, die sind Staatsanwalt oder Pharmareferent, Bauarbeiter, Arzt oder Elektriker. Und daß sie Kinder haben, weiß oft nicht mal die eigene Mutter!

Also das finde ich in höchstem Maße ungerecht, daß an den Müttern ständig herumerzogen wird, daß die da betreut und beaufsichtigt werden, und bei den Vätern tut man so, als wäre nichts. Schließlich haben sich die Frauen ja die Kinder nicht alleine gemacht. Wenn man jetzt schon immer sagt: „Die Kinder brauchen einen Vater" und „Der Vaterkontakt ist ganz wichtig", und es soll auch ein Besuchsrecht für ledige Väter geben, und wenn die Mutter dann nicht will, dann muß sie eben lernen, damit umzugehen, so hat man es uns wörtlich erklärt, also wenn man jetzt so anfängt, dann finde ich, kommen die Väter verdammt gut weg. Keiner verlangt von denen, daß sie ihr Auto verkaufen oder schnell irgendwelches Geld beiseite schaffen, keiner verlangt von ihnen, daß sie sich überhaupt Gedanken darüber machen, was mit dem Kind wird. Wenn sie es selbst tun, ist es okay, kümmern sie sich nicht oder drangsalieren sie die Mutter, dann muß die Frau eben selbst sehen, wie sie damit fertig wird.

So ein Vater-Kind-Programm, so parallel zum Mutter-Kind-Programm, das stelle ich mir ganz toll vor. Da habe ich mir so gedacht: Da sitzt also dann mein Markus, der schicke Pharmavertreter, neben dem Kindsvater von Helene, der ist eben Maurer, der andere Vater ein Türke, von der dritten, der war

Arzt, einer war sogar Sprecher, den hört man hier öfter im Radio, ein biederer Lehrer und ein Kleinstadtbürgermeister. Und die sitzen dann eben alle so zusammen und machen sich ihre Gedanken, wie sie das alles richtig machen mit ihren Kindern. Dann kommt ein Psychologe und hält ihnen einen Vortrag. So war das nämlich zum Beispiel bei uns: Wieviel Vater braucht ein Kind? Ja, und das hören die sich dann alle an, und danach diskutieren sie zusammen darüber, was sie für ihre Kinder empfinden und wie sie das mit der Trennung von der Mutter verarbeitet haben, und was für Ängste sie haben und lauter so Sachen. Und das eben alle vierzehn Tage, regelmäßig zur selben Zeit wie bei uns. Und dann noch ein bißchen Selbstbehauptungstraining. Zum Beispiel so üben: Wie sagt man das seiner Mutter oder seiner Frau oder seiner Freundin? Ich bekomme richtig Lust, ein solches Programm zusammenzustellen.

Wenn man das jemandem erzählt, dann sagen alle: „Ja, so was wäre wirklich mal nötig." Und auch die Sozialarbeiterin, die das Mutter-Kind-Programm leitete, also uns praktisch betreute, sagte, das wäre eine gute Idee, denn die Väter blieben ja heutzutage praktisch anonym. Das Ganze könnte man dann nennen: Anonyme Väter, so wie die Anonymen Alkoholiker. Aber im Grunde halten das alle für einen Witz. Ich fände so was nur gerecht, denn zum Kinderzeugen gehören nachweislich zwei Leute. Warum sollen Männer bestimmen können, ob sie ihre Kinder besuchen wollen oder nicht, und das noch vor Gericht durchsetzen können, wenn es die Frau nicht will und das Kind auch nicht. Warum soll es nicht umgekehrt gehen, daß das Kind den Vater besucht, wenn es Lust dazu hat? Da heißt es dann gleich: „Ja, dazu kann man doch niemanden zwingen." Also die Privatsphäre von einem Mann wird wirklich viel mehr respektiert als die einer Frau. Und auch das habe ich jetzt so nach und nach erfahren, sein Geld, also das, was er selbst zum Leben braucht, wird viel höher eingeschätzt als das, was eine Frau mit einem Kind zum leben braucht. Eine Frau muß schließlich ihren letzten Pfennig noch teilen, wenn sie ein Kind hat, der Vater behält sein Haus, sein Vermögen, sein dickes Auto, und wenn er es richtig trickst, zahlt er dann immer noch den niedrigsten Satz.

Für Laura bekomme ich jetzt 420 Mark von ihrem Vater, aber darum mußte ich auch lange kämpfen. Die erste Zeit habe ich gar nichts bekommen, dafür sprang dann eben die Unterhaltsvorschußkasse ein. Gut, das war schon eine Erleichterung, daß es so was überhaupt gibt, wenn es natürlich bei Sozialhilfeempfängerinnen alles wieder zurückgestutzt wird auf den Sozialhilfesatz.

Aber im Mutter-Kind-Programm habe ich es nicht so lange ausgehalten, da wußte ich, ich muß da unbedingt raus, sonst kriege ich 'nen Koller. Das war dann auch weniger das Programm, ehrlich gesagt, denn ein paar Leute waren ganz nett, und mit denen habe ich mich noch danach getroffen. Es war mehr das zu Hause Rumsitzen, ohne Perspektive, da hatte ich so das Gefühl, du bekommst nicht nur den ganzen Tag nicht in den Griff, sondern wahrscheinlich, wenn du jetzt noch länger so weiter vor dich hinlebst, auch dein ganzes Leben nicht. Also ich bin nach rund anderthalb Jahren raus aus diesem Programm, weil ich das Gefühl hatte, es muß was passieren, damit es weitergeht. Ich habe dann erst mal so nebenbei versucht, Arbeit zu finden als Arzthelferin, denn an meine alte Stelle konnte ich ja nicht mehr zurück. Dann habe ich was halbtags bekommen, aber da wurde es finanziell eben ganz schön knapp, als dann auf einmal das Erziehungsgeld wegfiel. Aber solch ein Beruf, in dem man so wenig verdient, auf Dauer ist das nichts. Und da stellt man sich natürlich schon hin und wieder die Frage, wie's weitergehen soll, denn so eine verbitterte Frau mit wenig Geld und irgendeiner lustlosen Halbtagsarbeit auf immer und ewig, das ist nun auch nicht gerade mein Lebensziel. Hätte man sich noch sagen können, daß man sich jemanden sucht, also praktisch einen Vater für Laura, der auch das notwendige Geld verdient. Dann ist man ja erst mal aus dem Schneider. Aber das hatte sich nun in dieser Zeit gar nicht ergeben, und die erste Zeit, da hatte ich, ehrlich gesagt, auch kein bißchen Lust, in Discos rumzuhängen oder auf Feten zu gehen. Die Leute von früher sagten schon: „Du wirst ja langsam ganz seriös und häuslich." Aber mir war eben nicht danach.

Inzwischen habe ich ja nun den Michael kennengelernt, aber das war erst später.

Also erst mal war es so, daß ich mir gedacht habe: ‚Du mußt was machen, was du gut findest, einen Beruf, der irgendwas hergibt, aus dem du etwas machen kannst.' Aber mit meinem Abschluß ist mir nicht viel eingefallen, Büro wollte ich nicht, handwerklich geschickt bin ich auch nicht, und so was Sozialpflegerisches oder so, da verdient man auch nicht die Welt.

Ich habe mich dann ziemlich ausführlich beraten lassen, ich habe auch ein paar Eignungstests gemacht und alles mögliche, na ja, mehr oder weniger war das Ergebnis, daß man mit meinem Schulabschluß – ich bin etwa ein halbes Jahr nach der 10. Klasse abgegangen, einfach weil ich keine Lust mehr hatte und von zu Hause weg wollte – wohl nicht das werden könnte, was ich mir selbst langfristig vorgestellt habe.

Als die Laura in den Kindergarten kam, habe ich angefangen, das Abitur nachzumachen, aber so genau wußte ich zuerst auch noch nicht, wo das hinführen sollte. Ich bin einfach davon ausgegangen, daß man das heute mehr oder weniger für alles braucht. Und weil das Ganze dann mit dem Geld ziemlich knapp wurde, habe ich mich selbst mal darangesetzt, bin dem Jugendamt auf die Pelle gerückt, daß sie den Unterhalt für Laura einfordern sollten. Denn das habe ich doch nicht eingesehen, daß ich da am Rande des Existenzminimums lebe, und Lauras Vater mimte den feinen Macker. Das war schon interessant, was ich da erlebt habe. Wie rücksichtsvoll der Amtspfleger die ganze Sache angegangen ist. Wie gesagt, die Frau von Markus wußte ja noch gar nichts davon, daß da noch ein anderes Kind ist. Die Jugendamtspost und so weiter hat er sich an eine andere Adresse schicken lassen, das war mit dem Amtspfleger auch so ausgemacht, und mir kann so was schließlich egal sein. Ich habe auch ein paarmal selbst geschrieben, und dann habe ich auch immer an die andere Adresse geschrieben. Ich wollte ja schließlich nicht seine Familienverhältnisse durcheinanderbringen.

Aber nachdem da nun nichts kam, bin ich dann doch wieder zum Jugendamt und habe diskret nachgefragt, ob man da nicht ein bißchen mehr Druck machen könnte, denn es träfe ja schließlich keinen Armen. Und da sagte doch tatsächlich der Amtspfleger zu mir: „Mit so was müssen Sie rechnen, wenn Sie einem Mann mit Familie noch ein Kind anhängen!" Also ich war vielleicht perplex! Als hätte ich mir selbst ein Kind gemacht und ihm das angehängt. „Ja", sagte er weiter, „man muß ja schließlich Rücksicht nehmen, der lebt in bürgerlichen Familienverhältnissen und ist ein unbescholtener Mann. Da kann man nicht einfach so mir nichts dir nichts mit Unterhaltsklagen reinplatzen." Da bin ich aber hochgegangen: „Das nennen Sie so bürgerliche Verhältnisse! So intakt kann die Familie doch wirklich nicht sein, wenn da ein Kind ist, das allen verschwiegen wird, von dem weder seine Frau noch seine Mutter, noch die Geschwister des Kindes irgend etwas wissen! Vielleicht ist ja Laura nicht mal sein einziges." Sagte er doch, und das fand ich so zynisch und so unverschämt, nachdem ich mich ein paar Jahre lang überhaupt nicht gemuckst hatte: „Man kann das ja verstehen, daß Sie enttäuscht sind und sich aufregen, aber Sie müssen doch auch die andere Seite sehen." Also ich konnte vor Wut fast nichts mehr sagen.

Ich bin dann abgerauscht und habe mich später noch mal beim Amtsleiter darüber beschwert, daß das Jugendamt praktisch nie etwas Ernsthaftes unternommen hat, damit der Vater Unterhalt zahlt. Und der sagte zu mir dann: „Ja, wir haben da die Erfahrung gemacht, wenn wir zuviel Druck ausüben auf die Väter, dann sind sie noch zahlungsunwilliger und ziehen sich ganz zurück."

Also die werden schon ziemlich rücksichtsvoll behandelt. Ich hätte mich ja auch vorläufig noch mit dem Geld aus der

Unterhaltsvorschußkasse zufriedengeben können, aber das habe ich dann doch nicht eingesehen, weil das ja nur der Regelsatz ist. Und ich weiß ja, daß Lauras Vater erheblich mehr verdient; da vermute ich jetzt mal, daß er auch ein bißchen herumgetrickts hat, daß es nur 420 Mark sind, die er zahlt. Na ja, besser als nichts. Ich habe ja nun nicht viel, das bißchen Schüler-BAföG, davon kann man wirklich keine großen Sprünge machen. Meine Eltern sind ja nun zum Glück nicht gerade die Ärmsten, die steuern nun hin und wieder mal was bei, und so komme ich dann so einigermaßen hin.

Ich bin jetzt gerade im Abitur, das Schriftliche habe ich eben hinter mir. Für die Schule mußte ich mich nicht totarbeiten, das fiel mir nicht besonders schwer. Was ich jetzt aber danach machen werde, weiß ich immer noch nicht genau, das muß ich dann in den nächsten Wochen mal entscheiden. Inzwischen tendiere ich dahin, Jura zu studieren. Ich habe einen ausgepägten Gerechtigkeitssinn, und da denke ich, wäre Jura vielleicht das richtige. Ungerechtigkeit regt mich furchtbar auf, auch wenn es anderen passiert. Zum Beispiel das jetzt alles mit den Ausländern, daß da so ein Haß gegen die ist und daß die Politiker die Leute noch extra aufwiegeln mit ihrem ganzen Gerede, das finde ich schon schlimm. Ich bin vielleicht nicht ausgesprochen politisch interessiert, ich bekomme immer nur das Gröbste mit. Aber wenn so was Schlimmes ist, dann fühle ich mich davon betroffen. Aber was Soziales will ich eigentlich nicht machen, da habe ich eben auch immer gehört, daß das mit Arbeitsplätzen in der Branche so schlecht aussieht. Eher schon was mit Umweltschutz oder so was in der Richtung.

Ich muß mich nun in den nächsten Wochen entscheiden, und das macht mir im Moment Probleme, weil ich eigentlich keine ausgeprägte Begabung habe. Die Unsicherheit, was ich werden will, die ist jetzt immer noch da. Und dann muß es ja auch etwas sein, was ich mit Laura organisieren kann. Zum Glück ist sie pflegeleicht, echt, bis auf die Kinderkrankheiten ist sie immer gesund gewesen, und sie ist so umgänglich und fröhlich, also toll. Ich persönlich meine, daß ihr das auch sehr gutgetan hat, daß sie so früh in einer Kita war. Sie war noch nicht mal zwei, als ich sie da hingebracht habe, und da war sie richtig süchtig nach Kindern. Sie hatte sich da ganz schnell eingelebt, und wir Eltern haben dann dafür gesorgt, daß die ganze Gruppe dann nachher auch zusammen in den Kindergarten kam. Laura geht immer mit aufgereckten Ohren hin, das war von Anfang an so. Deshalb bin ich persönlich auch skeptisch, wenn da immer wieder gepredigt wird: Die ersten drei Jahre muß die Mutter zu Hause bleiben. Vielleicht war es auch so: Mir hat das Daheimsein langsam gestunken, und das hat vielleicht auch auf Laura abgefärbt. Die Kita hat ihr gutgetan, da können dann nun die Kinderärzte sagen, was sie wollen. Ja, auch der Kinderarzt, bei dem ich gearbeitet hatte, der hat die Mütter immer gewarnt: Nicht vor dem dritten Lebensjahr! Ob er recht hat, weiß ich nicht, bei Laura jedenfalls hat das Ganze nicht gestimmt.

Überhaupt Laura – die hat mein ganzes Leben natürlich arg verändert. Zuerst wollte ich das eben so nicht wahrhaben, da habe ich gedacht: ‚Jetzt ist alles aus, das kriegst du alles nie gescheit in den Griff, und deine ganze schöne Freiheit und alles, das ist nun dahin!' Aber sie hat mir einen unheimlichen Energieschub verliehen, buchstäblich. Das hier zum Beispiel mit Abi nachmachen und so, darauf wäre ich wahrscheinlich gar nicht gekommen – na, jedenfalls damals hatte ich so was nicht im Sinn.

Nun will ich aber nicht falsch verstanden werden. Ich würde deshalb nie 'ne Frau dazu überreden, ein Kind zu kriegen, das sie nicht will. Bei mir war das ja alles mehr oder weniger ein Zufall. Und außerdem hatte ich gute Leute drumherum, ich hatte ja meine Freundin, und von meinen Eltern habe ich auch viel Unterstützung bekommen. Außerdem glaube ich, daß es viel ausgemacht hat, daß ich hier in einer Großstadt lebe. Die Frauen auf dem Lande hier, die haben es verdammt schwer, wenn sie ein uneheliches Kind bekommen. Auf einem Wochenendseminar habe ich einmal eine Frau kennengelernt, und die sagte, sie wird regelrecht von den Nachbarn geschnitten. Sie lebt auf dem Land in schönster Gegend und ist völlig isoliert. Da kann man ja als vernünftiger Mensch eigentlich nur sagen: ‚Nichts wie weg!' Jeder Frau in so einer Situation würde ich raten: ‚Zieh in eine Großstadt, in ein Hochhaus, wo dich keiner kennt, und such dir neue Freunde! Was Besseres als auf dem Land findest du überall! Was nützt dir die schönste, beste Landluft, wenn keiner mit dir spricht?'

Aber gute Ratschläge gibt man ja manchmal leicht. Da sagte die Frau auch: „Wie stellt ihr euch denn das vor, als Sozialhilfeempfängerin kann man doch nicht einfach so in eine andere Stadt ziehen. Das ist ein riesiger Verwaltungsaufwand, denn die Großstädte sind nicht scharf darauf, noch mehr Sozialhilfeempfänger zu bekommen. Und 'ne Wohnung als Sozialhilfeempfängerin selbst zu suchen und zu finden, probiert das mal! Da bis du doch ein Nichts und ein Niemand, und ein Vermieter guckt dich nur von oben bis unten an und winkt ab."

Ja, das habe ich mir dann auch gedacht, die ganze Sozialhilfe und daß man nicht arbeiten muß drei Jahre lang und so, alles schön und gut. Aber du bist eben dabei auf dem untersten gesellschaftlichen Level. Das ist dann eben der Preis, den man für die ganze Wohltätigkeit zahlt.

Vielleicht sollte ich noch erzählen, daß sich seit rund einem Jahr privat bei mir auch was verändert hat. Ich habe jetzt einen festen Freund. Also vorher, das war eben alles nichts Festes. Da war mal dies und mal das, aber war richtiges von Dauer war es nicht. Zuerst hatte ich ja gedacht, ich fange wieder da an, wo ich vor Lauras Geburt aufgehört habe: Flippe mal ein bißchen in Discos rum, spiele ein bißchen. Aber dazu hatte ich langsam keine Lust mehr, vielleicht auch darum, weil man eben älter wird. Egal, Michael ist wirklich ein lieber Kerl, zwei Jahre älter als ich, und Laura hängt total an ihm. Das hat natürlich unheimlich viel ausgemacht. Ich habe immer gesagt: „Du hast dich ja zuerst an Laura rangemacht, und da wußtest du, daß du mich in den Fängen hast." Kennengelernt haben wir uns beim Grillen, da war 'ne Menge Leute, ein paar mit Kindern, aber meistens so Leute in meinem Alter und ohne. Und Laura fliegt auf Männer, und Michael ist jemand, der es gut mit Kindern kann. Wir haben uns dann noch ein paarmal getroffen, und dann war es eben was Festes.

Nun komme ich langsam in Konflikte. Michael ist ziemlich darauf aus, so etwas wie eine richtige Familie zu haben. Er ist Automechaniker, Meister, verdient ganz schön und stellt sich das nun so vor, daß wir irgendwann zusammenziehen, am liebsten auch heiraten. Und, das hat er zwar nicht so direkt gesagt, aber so unausgesprochen hängt das eben in der Luft, daß er auch noch mehr Kinder haben will. So, und da liegt der Hase im Pfeffer. Laura kommt demnächst in die Schule. Und jetzt noch mal von vorn anfangen? Und was würde dann daraus, daß ich studieren will? Dann habe ich zwei Kinder, Und Studium können Sie vergessen. Erzähl mir keiner was, daß ich es dann mit einem Mann leichter hätte. Michael ist lieb und nett, und er wäre ein toller Vater, aber er wäre eben jeden Tag von halb acht bis halb fünf in der Werkstatt und meistens noch länger. Also mit Kind studieren, das wäre allein mein Bier, und dann wäre es vielleicht nicht nur ein Kind, sondern zwei oder drei. Dann kommen auch schon so Töne: „Ich kann auch für mehr Leute sorgen, das brauchst du doch nicht alles, die ganze Mühe und so ein Studium, du kannst doch so irgend etwas arbeiten, wenn du ein bißchen unter Leute willst."

Und dann denke ich: Jetzt habe ich alles alleine gemacht, habe mich abgeschafft, und jeder sagt, wie toll das ist, daß ich das so geschafft habe, und dann soll ich irgendwo arbeiten, nur um ein bißchen unter Leuten zu sein! Gut, damit, daß ich studieren würde, hat er bestimmt seine Probleme. Denn so ein paarmal kamen dann eben die Andeutungen: „Wenn du fertig bist mit studieren, dann bist du eben was Feines, und ich bin dann nur Automechaniker." – „Ja", habe ich gesagt, „aber wenn ich nicht studiere dann bist du eben Automechaniker und Meister, vielleicht sogar mit 'ner eigenen Werkstatt, und ich bin nichts. Ich persönlich finde das noch viel schlimmer." Dann ging das so hin und her. „Nichts kann man doch nicht sagen", meinte er dann, „Familie und Kinder, das ist doch 'ne feine Sache." Sage ich: „Wenn das so eine feine Sache ist, dann können wir es ja auch so machen: Wenn ich nach dem Studium einen tollen Job habe, bleibst du dann bei der Familie mit den Kindern. Dann verdiene ich die Brötchen, und du hast Familienglück." Da kriegt er fast einen Lachkrampf.

Also das Ehrliche mag ich so an ihm. Auch daß er menschlich so aufrichtig ist und so zuverlässig. Das will ich natürlich nicht ausnutzen. Andererseits habe ich nun schon viel erreicht, habe mich all die Jahre alleine mit Laura durchgeboxt. So etwas gibt man so schnell nicht auf. Was nun daraus wird, muß man eben abwarten. Ich glaube, wenn man einmal so selbständig gelebt hat, dann überlegt man sich das ziemlich genau, ob das Sinn macht, daran was zu ändern. Nur zu Hause mit 'nem Kind oder vielleicht auch zwei oder drei, das wäre mir zuwenig. Ich will was machen, was Gescheites. Ich brauche irgendwie action. Erwachsene Leute, mit denen ich reden kann. Aber mit zwei oder vielleicht sogar drei Kindern auch noch irgendein Studium managen und nachher noch den Beruf, dem kann ich nun auch wieder nichts abgewinnen. Mal sehen, vielleicht finden wir ja auch einen Kompromiß. Wir sind ja beide noch jung.

Unabhängig sein

Es gibt immer mehr Frauen, die für sich das fordern, was Männern und Familienvätern meist diskussionslos zugestanden wird: den eigenen Lebensunterhalt zu verdienen, Vollzeit in einem Beruf zu arbeiten, der ihnen (und ihren Kindern) eine finanziell tragfähige Existenzgrundlage verschafft und außerdem auch noch im Alltag die eigenen Angelegenheiten selbst zu entscheiden. Keineswegs sind dies immer Karrierefrauen, sondern viele von ihnen haben unspektakuläre, oft auch wie Katharina typische Frauenberufe.

Anders als bei Vätern aber wird bei Frauen mit Kindern diese Entscheidung nicht von einer breiten öffentlichen Meinung getragen. Im Gegenteil, ihre Entscheidung wird gemeinhin mißbilligt: Sie seien egoistisch, ihre „Selbstverwirklichung" schade ihren Kindern, ihre Emanzipation gehe auf deren Kosten – Vorwürfe, die kaum je einen Familienvater treffen, wenn er einem Beruf mit normaler Wochenarbeitszeit nachgeht, Überstunden macht, ehrenamtlich im örtlichen Stadtparlament sitzt und außerdem noch Vorsitzender des Kaninchenzüchtervereins ist.

Und da diese Vorwürfe nicht überall auf fruchtbaren Boden fallen und trotzdem immer mehr Frauen für sich „alles" fordern – „alles", was Männern mit Kindern seit je eingeräumt wird -, greifen Zeitungen, Zeitschriften, Fernsehserien und viele „wissenschaftlich" ausgerichtete Lebenshilfeliteratur zu einem weit raffinierteren und vielleicht auch wirksameren Mittel: Sie stellen Frauen dar, die wortreich versichern, diese Freiheit mache sie nicht glücklich, sondern nur einsam und isoliert. Psychologen und Psychologinnen tun das Ihre dazu, um besonders junge Frauen vor dem Schritt in die Unabhängigkeit zu warnen: Nicht nur daß sie selbst einsam würden, nein, in ihrer Not klammerten sie sich an ihre Kinder, und diese „weibliche Umklammerung" mache Kinder seelisch krank.

Es gibt aber keine wissenschaftlich haltbare Untersuchung, die diese Befürchtung bestätigen würde. Eher das Gegenteil ist bewiesen: Unabhängige, selbstbewußte Frauen sind glücklicher, haben einen größeren Freundes- und Bekanntenkreis, mehr langjährige und verläßliche Freundschaften, klammern sich weniger an ihre Kinder und lassen sie eher los.

Es spricht also vieles dafür, den Erfahrungen von Frauen wie Katharina mehr zu trauen als „wissenschaftlich" untermauerten Warnungen an Frauen vor einem autonomen Leben.

„Ich gehöre zu den Menschen, die allein mit Kind glücklicher leben"

Katharina, 47 Jahre, 19jähriger Sohn

Ich lebe allein, und bin rundum glücklich. Und wenn mir die anderen Frauen sagen: „Du siehst so vital aus, so jung und gesund, wie machst du das bloß?", kann ich nur antworten: „Kein Wunder, ich sehe eben so aus, wie ich mich fühle: Prima."

Andreas, mein Sohn, ist inzwischen neunzehn. Ein paar Tage nach seinem achtzehnten Geburtstag ist er ausgezogen. Nicht weil wir Streit gehabt hätten oder miteinander nicht ausgekommen wären, im Gegenteil, wir hatten immer ein sehr gutes Verhältnis, sehr partnerschaftlich, haben immer unsere gegenseitigen Freiräume respektiert -, aber achtzehn, das war für uns beide so ein Einschnitt. Aus meinem Kind ist ein erwachsener Mann geworden, und ich selbst weiß, daß ich eigentlich mit niemandem meine Wohnung, mein tägliches Leben teilen möchte. Es war aber seine Entscheidung auszuziehen. Er hat sofort ein Zimmer in einem Nachbarort gefunden. Wenn wir uns jetzt sehen, sind es gegenseitige Besuche, kein normaler Alltag mehr, den man miteinander absprechen müßte, keine gemeinsame Küchenbenutzung, keine Absprache mehr, wer wann die Waschmaschine benutzt oder den Flur wischt.

In den letzten Jahren haben wir mehr oder weniger wie eine Wohngemeinschaft miteinander gelebt, und mit einem Halbwüchsigen – nun ja, Reibereien gibt es trotzdem. Ich bin keine „typische" Mutter, die ihr Kind rundum versorgt. Und mein Sohn hat niemals diese Ansprüche an mich gestellt, das war nie ein Thema, das kannte er gar nicht. Er war es einfach gewohnt, sehr früh für viele Dinge selbst zu sorgen, natürlich jeweils entsprechend seinem Alter, aber immerhin.

Dadurch, daß ich immer berufstätig war, hat er automatisch lernen müssen, daß ein Mensch für bestimmte Dinge in seinem Leben selbst verantwortlich ist. Es war eben bei uns nie ein Mann im Haus, wenn man mal von einer kurzen Episode absieht. Jedenfalls als er älter wurde, hatte er nie ein so negatives Vorbild in seiner engsten Umgebung wie viele seiner Freunde: ein Vater, der sich abends selbstverständlich an einen gedeckten Tisch setzt und sich von seiner Ehefrau die Wäsche waschen und die Hemden bügeln läßt. Es wird ja viel darüber geredet und geschrieben, wie dringend gerade Jungen männliche Bezugspersonen brauchen, mit denen sie sich identifizieren können. Das mag alles schön und gut sein, wenn die männlichen Bezugspersonen wirklich so positiv und partnerschaftlich wären. Aber eine Frau, die sich einmal unvoreingenommen die Realität beguckt, kann doch eigentlich nur sagen: ‚Partnerschaft' – das ist wohl eine vornehme Übertreibung. Die Väter lassen ihre Frauen den ganzen Haushalt machen, helfen höchstens mal ein bißchen abwaschen, und dafür sind die Frauen ihnen auch noch dankbar. Nein, ein solches Vorbild hätte ich für meinen Sohn nicht gewollt.

Und er selbst fand es auch gut so. Irgendwann mal, als er bei einem Freund in so einer richtig normalen Familie übernachtet hatte, sagte er zu mir mit einem tiefen Seufzer: „Was bin ich froh, daß wir geschieden sind!" Und so hat er eben im Zusammenleben mit mir gelernt zu akzeptieren, daß ich selbst meine Arbeit habe, für meine Sachen sorge und daß er, nach den Möglichkeiten seines Alters, auch seine eigenen Dinge regelt.

Da war es natürlich auch nur logisch, daß ihm das Alleinleben keine Probleme bereitete. Ich glaube nicht, daß er jemals auf den Gedanken käme, mir seine schmutzige Wäsche zu bringen. Hoffentlich behält er es auch später gegenüber seiner Partnerin bei, daß er eben den Freiraum, den eine andere Person benötigt, respektiert und sich nicht so verhält wie viele andere Männer, bei denen sich die Frauen dauernd dafür rechtfertigen müssen, daß sie ein eigenes Leben führen wollen.

Für mich selbst war mit dem Auszug meines Sohnes ein Abschnitt zu Ende, das, was man so die „Familienphase" nennt. Ich habe mir kurz darauf eine Einpersonenwohnung gesucht. Meine Freundinnen und Bekannten waren entsetzt: „Wieso ziehst du denn in so ein kleines Appartement, da passen doch deine ganzen Möbel überhaupt nicht rein." Das wußte ich natürlich selbst. Ich habe radikal ausgemistet, habe mich von jedem Ballast befreit und nur soviel behalten, wie ich für mich selbst brauchte. Damit war ganz klar, daß mein Sohn und ich künftig wirklich getrennte Wege gehen würden. Rein aus Platzgründen wäre es niemals mehr möglich, daß er wieder bei mir einziehen würde. Ich habe ein wunderschönes kleines Appartement, ein großes Wohn-Schlaf-Zimmer, Kochnische, Bad, Abstellkammer, kleiner Flur, eine Junggesellinnenwohnung eben. Alle, die mich besuchen kommen, sind begeistert, am meisten die, die mich vorher gewarnt haben: „Das wird dir noch leid tun, in deinem Alter will man doch ein bißchen mehr Platz."

Was dieser Schritt für mich bedeutet hat, zeigt eine witzige Kleinigkeit: Als ich hier eingezogen war, gerade alles schön eingerichtet hatte und anfing, mich pudelwohl zu fühlen, mußte ich für eine andere Sache eine Vollmacht unterschreiben, und da habe ich die versehentlich mit meinem Geburtsnamen unterschrieben! Ich war auf einmal innerlich wieder eine junge Frau – frei und unabhängig.

Wenn ich hier von früher erzähle, von meinen beiden Ehen und den Trennungen, dann weiß ich heute kaum noch, wie ich das anfangen soll. Nicht etwa, daß ich da was nicht verarbeitet hätte, ganz im Gegenteil. Es liegt für mich um Jahrhunderte zurück. Es ist, als würde ich von einer anderen Person erzählen oder aus einem früheren Leben. Es hat mit mir nichts mehr zu tun, nichts mehr mit der Frau, die ich heute bin. Deshalb muß ich auch jedesmal schlucken, wenn jemand irgendwo nach meinem Familienstand fragt oder ich es auf einem Formular ausfüllen muß zu sagen: geschieden. Ich fühle mich ledig im besten, ursprünglichen Sinne: los und ledig. Frei eben.

Also meine beiden Ehen: Da muß ich ein bißchen vorher anfangen. Mein Vater war Arzt, meine Mutter Hausfrau. Sie hatte zwar eine Heilpraktikerinnenausbildung, hat aber wegen der Ehe diesen Beruf nie ausgeübt. Mein Vater hat den sowieso nie ernst genommen. Außer mir sind noch zwei Brüder in der Familie, ein älterer, ein jüngerer, die später ebenfalls beide Ärzte geworden sind. Ich selbst habe die Ausbildung als Medizinisch-Technische Assistentin gemacht. Das ist eigentlich ein schöner Beruf, und er hatte, zumindest damals, als ich ihn gelernt habe, auch ein hohes Ansehen. Das hat sich inzwischen etwas gegeben, da liegt vom Berufsbild her ziemlich viel im argen, sicher ist die Stagnation, eigentlich sogar ein Rückschritt in diesem Berufsbereich, auch damit zu erklären, daß es ein reiner Frauenberuf ist. Ich gehöre ja dort zu den seltenen Exemplaren meines Alters, die praktisch ohne Unterbrechung in diesem Job tätig sind. Und so ist eben, wie in so vielen anderen Frauenberufen auch, niemand da, der sich für eine Weiterentwicklung dieses Berufes wirklich einsetzen könnte. Letztlich ist das eine mittlere Katastrophe. Das merkt man dann, wenn man was verbessern will. Ich schlage mich seit langem mit unserem Berufsverband herum, aber da läuft man gegen Beton. Frauenberufe sind etwas Provisorisches, bis zum ersten Kind, und dann irgendwann halbtags weiter – das denken ja sogar die Interessenvertreterinnen. Und da bleibt es eben so, wie es ist: niedrigere Löhne, keine aktualisierten Tätigkeitsmerkmale, keine Aufstiegschancen.

Wie meine Brüder Medizin zu studieren, das war mir als junges Mädchen überhaupt nicht in den Sinn gekommen. In meinem Elternhaus war mein Vater sehr dominant, und er hielt von Frauen wenig. Nicht daß er das so direkt geäußert hätte, jedenfalls ist es mir früher nie so massiv aufgefallen, daß ich es wirklich hätte erkennen können, seine unterschwellig geäußerte Frauenverachtung. Er war stark von der Psychoanalyse beeinflußt und hatte zu allem Überfluß noch die Meinung, ich selbst sei gar kein richtiges Mädchen beziehungsweise keine richtige Frau. Das ging so weit, daß er sogar allen Ernstes behauptete, ich hätte zu viele männliche Hormone. Heute lache ich darüber, aber wenn man so etwas einer Sechzehnjährigen sagt und derjenige, der es einem sagt, auch noch ein Arzt ist, na, dann hebt das nicht gerade das Selbstbewußtsein.

Selbstsicher wurde ich erst, als ich von zu Hause ausgezogen war und meine Ausbildung gemacht habe. Die Arbeit in einer Klinik hat mir immer viel Spaß gemacht, es ist eine Arbeit, die ich gerne tue. Jedenfalls habe ich es früher gerne getan, inzwischen hat sich da meine Einstellung etwas geändert, da stimmen bei mir Beruf, die Art der Tätigkeit und meine Lebens- und Berufserfahrung nicht mehr überein. Aber damals war es anders. Ich hatte mit Menschen zu tun, ich hatte eine wichtige Aufgabe, und ich bekam immer wieder die Bestätigung, daß das, was ich mache und wie ich es mache, richtig und nützlich ist.

Meinen ersten Mann, Peter, lernte ich kennen, als er noch Medizin studierte. Irgendwie war es für mich damals fast so etwas wie eine Selbstverständlichkeit – na ja, jedenfalls etwas sehr Naheliegendes, daß ich ebenfalls einen Arzt heiraten würde. Wir waren vier Jahre verlobt und unsere Zukunft lag schon ziemlich klar vor uns: Peter würde die Praxis meines Vaters übernehmen, und ich würde dort mitarbeiten – das wäre eben das Normale gewesen. Heute läuft es mir kalt den Rücken runter, wenn ich an eine solche Kombination denke, damals erschien es mir als eine ordentliche, bürgerliche Existenz.

Vier Jahre Verlobungszeit – da heißt es ja im allgemeinen, man kennt sich ganz gut. Und da wurde also eine riesige Hochzeit vorbereitet, meine Eltern waren bestimmt nicht kleinlich. Schließlich war ich die einzige Tochter eines angesehenen Arztes.

Praktisch mitten in den Hochzeitsvorbereitungen, wir waren gerade dabei, die Einladungskarten zu schreiben, „beichtet" mein künftiger Mann mir so nebenher, daß er während der vier Jahre, als wir verlobt waren, zwischendurch noch eine andere Freundin gehabt hat. Ich fiel bald um. Ich wußte überhaupt nicht, wie man auf so etwas reagieren soll. Ich bin nicht der Typ, der dann eine hysterische Szene macht, also habe ich dann erst mal bloß geschluckt. Ich habe mich „vernünftig" gezeigt, und schließlich war es inzwischen auch vorbei. Was sollte ich da Theater machen oder Konsequenzen ziehen? Blieb mir bloß noch, ihm zu glauben, daß das ein einmaliger Fehltritt war. Ich fühlte mich verletzt, auch getroffen, war es mir dann eigentlich aber selbst schuldig, eine großzügige Haltung einzunehmen. Und außerdem: Die Hochzeitsvorbereitungen waren schließlich in vollem Gange. Und jetzt absagen wegen einer Sache, die Schnee von gestern war?

Es wurde eine großartige Hochzeit, meine Mutter, eine geübte Gastgeberin, hatte alles hervorragend ausgerichtet. Mein ältester Bruder hat unsere Hochzeit gefilmt. Ganz selten sehe ich mir den Film noch an, und dann kann ich es meist gar nicht fassen, daß ich das bin, die da im weißen Kleid strahlend an der Seite eines befrackten Herrn ins Eheglück marschiert. Meine Freundinnen, die zuletzt auf meinem Geburtstag mit mir diesen Film angesehen haben, kriegten sich gar nicht mehr ein, so komisch fanden sie es. Das einzige, worüber sie völlig verblüfft waren, ist, daß Andreas seinem Vater so zum Verwechseln ähnlich ist, obwohl sie sich fast nicht kennen: ihre Gesten, ihre Stimmlage, die Figur – unverkennbar Vater und Sohn.

Andreas wurde anderthalb Jahre nach unserer Hochzeit geboren. Bis dahin war ich berufstätig. Die erste Zeit, als Andreas noch ein Säugling war, bin ich dann zu Hause geblieben, habe also praktisch eine ganz kurze Hausfrauenphase gehabt und so gelebt, wie es mir damals als normal vorkam: Mein Mann arbeitete als Arzt in der Klinik, und ich versorgte den Kleinen und den Haushalt.

Ja, und in dieser Zeit erfuhr ich dann um mehrere Ecken, daß mein Mann eine Freundin hatte. So, und da wußte ich: ‚Die Rolle der betrogenen Ehefrau spielst du nicht.' Mein Mann hat ein Riesentheater gemacht, als ich ihm sagte, daß hiermit ein Schlußstrich unter unsere Ehe gezogen würde: „Was willst du denn, du hast doch alles, und du kannst dir auch einen Freund suchen, ich habe gar nichts dagegen!" Also ich wußte überhaupt nicht mehr, wohin mit meinem ganzen Ärger. „Hausbacken" fand er mich, weil ich mich auf so eine Art Beziehung nicht einlassen wollte. Auf gar keinen Fall wollte er die Trennung, denn er war der Meinung, wir führten doch ein glückliches Familienleben. Und, auch diesmal wieder sagte er: „Das mit der Beziehung ist inzwischen ja sowieso vorbei.

So halb und halb hatte ich schon wieder nachgegeben, vor allem weil jetzt meine ganze Familie anfing, auf mich einzureden, besonders meine beiden Brüder: „Du, so was gibt sich, das wird sich schon noch alles beruhigen." Und: „Sei doch nicht so, das Verhältnis ist doch zu Ende, hat er gesagt!" Also wieder großzügig sein? Ich war schon fast wieder dabei nachzugeben, als das entscheidende Ereignis eintrat: Mein Mann verunglückte mit dem Auto, er trug lebensgefährliche Verletzungen davon, und mit ihm im Auto saß eben jene Freundin, mit der er angeblich Schluß gemacht hatte. Mein Mann war gerade so mit dem Leben davongekommen, wenn auch schwer verletzt, er war wochenlang gar nicht ansprechbar. Trotzdem, und das haben mir alle übelgenommen, bin ich gleich hin und habe die Scheidung eingereicht. Noch Jahre später hat mein Mann das meinem Sohn vorgehalten, um ihm zu zeigen, was für eine schreckliche, herzlose Person ich bin. Aber keinen Tag länger hätte ich es ausgehalten, mit ihm verheiratet zu sein. Bis heute kann ich mir nicht vorstellen, was in einem Menschen vorgeht, der einen anderen so hintergeht. Was für eine Schauspielerei und Betrügerei gehört dazu, abends von der Freundin nach Hause zu kommen und so zu tun, als sei nichts!

Ich bin dann relativ rasch zu meinen Eltern gezogen. Das war zwar nicht die ideale Lösung, aber meine Versuche, woanders in der benachbarten Großstadt eine Wohnung und Arbeit zu bekommen, sind erst mal fehlgeschlagen. Und so bin ich dann in die Einliegerwohnung meines Elternhauses gezogen und habe bei meinem Vater in der Praxis mitgearbeitet. Ganz bestimmt nicht gerne, wie man sich denken kann, denn unser Verhältnis war nicht das beste, er war ein arroganter und selbstherrlicher Mann, der jetzt zu allem Überfluß auch noch mein Chef war. Aber ich wollte auf keinen Fall den Anschluß an meinen Beruf verlieren. Da habe ich dann eben die Zähne zusammengebissen.

Ich habe auch wieder ziemlich schnell eine gute Stelle in einer anderen Stadt bekommen und für mich und meinen Sohn eine Wohnung, und wir haben einige Jahre ganz glücklich und zufrieden alleine gelebt. Was da in mich gefahren war, daß ich noch mal geheiratet habe, ehrlich gesagt, das kann ich nun heute gar nicht mehr verstehen. Damals war es aber so: Andreas und ich hatten ungefähr fünf Jahre alleine gelebt, da lernte ich Bernhard kennen, mit dem ich viel gemeinsam hatte. Mit ihm, dachte ich, könnte eine wirklich partnerschaftliche Beziehung klappen. Er war Lehrer, selbst geschieden, und in vielen Gesprächen stellten wir fest, daß wir eine sehr ähnliche Einstellung zum Leben und zu den Menschen überhaupt hatten. Wir waren beide politisch eher links orientiert, kamen beide aus der Gewerkschaftsarbeit. Da verbindet einen vieles. Wir konnten uns stundenlang unterhalten, es war ganz anders als mit meinem ersten Mann. Der Tiefgang gefiel mir bei Bernhard, seine philosophischen Kenntnisse, seine Bildung, seine Ansichten und die Gewandtheit, mit der er seine Meinung vertrat.

Also, um es kurz zu machen, ich habe ein zweites Mal geheiratet, und es verlief im großen und ganzen, trotz unserer fortschrittlichen Weltanschauung, wieder relativ traditionell: Ich bin in die Stadt gezogen, in der er wohnte und arbeitete, wir haben ein Einfamilienhaus gekauft, so richtig mit Wohnzimmer, Eßzimmer, Schlafzimmer, Kinderzimmer – heute ist mir eine solche Raumaufteilung ein Grauen. Als ich mit meinem Sohn alleine lebte, hatten wir beide jeder ein eigenes Zimmer. Jetzt, in dem neuen gemeinsamen Haus, hatte ich eine Nähecke, mein Mann sein eigenes Zimmer und mein Sohn natürlich auch. Also das ist eigentlich schon ein Symbol, aber das war mir zu dem Zeitpunkt noch nicht bewußt. Da fand ich es eher logisch und einleuchtend, daß mein Mann als Lehrer zu Hause ein Arbeitszimmer braucht, also ein eigenes Zimmer, und ich als Medizinisch-Technische Assistentin ja gar keins brauchte, weil ich ja schließlich nicht zu Hause arbeiten muß. Daß so eine Aufteilung auch bedeutet, daß man zu Hause keine Rückzugsmöglichkeit hat, wird einem erst langsam bewußt.

In einem allerdings war ich nie konservativ: Ich bin auch in meiner zweiten Ehe berufstätig geblieben, auch Vollzeit, weil ich mein eigenes gesichertes Einkommen haben wollte. Und das, obwohl mein Mann mir anhand unserer gemeinsamen Steuererklärung vorgerechnet hatte, daß wir nicht viel weniger hätten, wenn ich nur Teilzeit arbeiten würde. Dank des Splitting-Vorteils, meiner eigenen ungünstigen Steuerklasse und der Einsparungen für den Kinderhort und vielleicht sogar für die Putzfrau kämen wir dann mehr oder weniger auf dasselbe Geld. Also auf so eine Rechnung habe ich mich nie eingelassen! Mein Beruf, meine Berufstätigkeit ist für mich eine absolute Selbstverständlichkeit, und nur Teilzeit arbeiten, damit ich statt dessen den Haushalt führe, das wäre für mich nie und nimmer in Frage gekommen!

Ich habe sehr schnell gemerkt, daß auch die zweite Ehe nicht halten würde. Heute vermute ich, daß ich bereits durch mein selbständiges Leben „verdorben" war, nicht mehr bereit, mich anzupassen – anzupassen meine ich jetzt im negativen Sinne. Natürlich bin ich auch heute noch der Meinung, daß es zu einer Beziehung gehört, daß man sich aufeinander einstellt. Aber unter Anpassung verstand mein Mann offenbar etwas anderes: Er hat sich schnell verändert, hat bereits früh in unserem Zusammenleben Eigenschaften gezeigt, die mit seiner linken, emanzipativen Weltanschauung gar nicht zusammenpaßten: Er hat sich ständig eingemischt in Dinge, die ihn nichts angingen. Zum Beispiel gingen meine politischen Aktivitäten immer weiter, und das war auf einmal für ihn nur „Stammtischpolitik". Er äußerte sich zu Kleinigkeiten, von denen ich gewöhnt war, daß das einzig und allein mein Bier ist, zum Beispiel meine Kleidung oder meine Bekannten.

Und endgültig aufgebracht hat mich, daß er sich gegenüber Andreas so autoritär verhielt. Für den war das ein besonders harter Einbruch, denn wir hatten immer ein sehr gleichberechtigtes, partnerschaftliches Verhältnis, wir haben erst geredet und immer versucht, uns zu einigen. Mein neuer Mann benahm sich autoritär, hatte ein Befehlsgebaren an sich, das mich fatal an das Gebaren meines eigenen Vaters uns gegenüber erinnerte. So eine Jugend wollte ich Andreas nicht bescheren.

Auch bei Andreas merkte ich eine Veränderung: Er war oft traurig, manchmal auch aggressiv, was eigentlich sonst ganz und gar nicht seine Art war. Als ich ihm sagte, daß wir uns von Bernhard trennen würden, da war er so erleichtert, da sagte er: „Jetzt bin ich wieder richtig froh!" Und da war ich erst mal platt, und ich habe ihn ganz erschüttert gefragt: „Warum hast du denn nicht vorher gesagt, daß du dich auch so unwohl fühlst wie ich mich?" Und er sagte: „Ja, ich wußte gar nicht richtig, ob ich das überhaupt sagen durfte."

Später als wir nocheinmal über diese Zeit geredet haben, da meinte er: „Das war für mich alles auch deshalb so schlimm, weil ich einfach das Gefühl hatte, ich werde da in irgendwas mit reingezogen, einfach mitgeschleppt in eine neue Ehe, da fragt mich keiner, und ich kann mich nicht wehren." Ich muß sagen, das hat mich getroffen, denn er hatte ja scheinbar alles ziemlich neutral über sich ergehen lassen. Auch der Ortswechsel schien ihm damals nicht viel auszumachen. Er hatte schnell neue Freunde gefunden, so daß man auch nicht das Gefühl hatte, er sei einsam oder zurückgesetzt.

Viele Frauen glauben ja, sie täten ihren Kindern einen Gefallen, wenn sie einen neuen Vater für sie suchen. Nun, vielleicht suchen sie ja nicht alle bewußt einen neuen Vater, aber jedenfalls gehen sehr viele wieder eine richtige, normale Familienbeziehung ein. Und das halte ich für einen fatalen Fehler. Ich glaube, für die Kinder ist das ein arger Streß, vor allem wenn sie eine Zeitlang mit der Mutter alleine gelebt haben.

Jedenfalls war es für mich persönlich keine Frage mehr: Als ich merkte, wohin die ganze Geschichte steuerte, war sofort klar, daß ich mich wieder trennen würde. Das war einfach eine riesige Erleichterung zu wissen: ‚Du mußt nicht, du kannst gehen, du hast deinen Beruf, du hast Freundinnen, und du kannst dein altes Leben wieder weiterleben wie vorher.' Der einzige Haken an der ganzen Sache war, daß ich in meiner alten Stadt nicht sofort eine Wohnung gefunden habe und deshalb noch eine Zeitlang mit meinem Mann getrennt in unserem gemeinsamen Haus leben mußte. Ein Vierteljahr lang, aber das war so ziemlich das unangenehmste Vierteljahr, das ich in meinem Leben verbracht habe: Rein äußerlich war die Trennung ja kein Problem, weil in dem Haus genug Platz war, aber es war eben ein Einfamilienhaus, und man kriegt, ob man will oder nicht, vom anderen alles mit. Das Verhalten meines Ex-Mannes hat mich derart angeekelt, angewidert, das kann ich überhaupt nicht beschreiben. Er wurde erst mal krank, hat gesoffen wie ein Loch, blieb ständig im Bett und verwahrloste zusehends. Nun bin ich selbst schon so ein Typ, der es nicht gut leiden kann, wenn sich andere Leute einfach so hängen lassen, damit meine ich nicht, wenn jemand richtig krank ist und nicht mehr für sich sorgen kann – so etwas kommt vor, das ist was ganz anderes. Aber wenn jemand sich so hängen läßt, nur um Mitleid zu erheischen, versoffen und verkommen herumgeistert und dann erwartet, da würden sich bei mir so etwas wie mütterliche Gefühle regen oder ich hätte so eine Art Helfersyndrom – es war einfach widerlich!

Gut, ich bin dann ausgezogen, vorübergehend in eine Wohnung in der Nähe. Andreas sollte ja das Schuljahr erst einmal abschließen. Ich habe mich natürlich dauernd beworben, ich wollte nicht mehr in S. bleiben. Und ich habe dann auch tatsächlich wieder Arbeit gefunden in meiner alten Stadt und eine Wohnung, sogar ganz in der Nähe meiner vorherigen Wohnung. Der Ausflug in die Ehe und in die Häuschen-mit-Garten-Idylle war dann für uns mehr oder weniger nur ein Zwischenspiel gewesen. Ich hatte ja den Kontakt nie abgebrochen, auch Andreas hatte immer noch weiter Beziehungen zu seinen alten Schulkameraden, jedenfalls zu seinem engeren Freundeskreis, und wir konnten haargenau wieder da anfangen wo wir aufgehört hatten. Diese ganze Eheepisode habe ich dann ziemlich erfolgreich aus meinem Bewußtsein gestrichen.

Ich gehöre zu den Menschen, die allein mit Kind glücklicher leben als zu zweit mit Kind. Woran das liegt, weiß ich nicht, aber ich glaube persönlich, daß ich keine Ausnahme bin. Die anderen gestehen es sich bloß nicht ein! Mir scheint, daß viele Alleinerziehende glauben, es gehörte einfach dazu, so zu tun, als gehe es ihnen schlecht. Wenn man sagt: „Ich bin alleinerziehend, und mir geht es richtig gut, und ich will auch gar nicht anders leben", dann gerät man eben leicht in den Ruf, man sei eine Emanze, ein bißchen verbittert und enttäuscht. Na, letzten Endes kann mir das egal sein, was die anderen denken, Hauptsache ich fühle mich wohl. Es gibt ja nun inzwischen eine Menge Alleinerziehende um mich rum, und auch viele von Andreas' Freunden hatten Eltern, die sich getrennt haben. Für mich war das immer so ganz interessant zu sehen, wie verschieden so eine Situation sein kann: Da gibt es die einen, die ewig herumjammern und nichts auf die Reihe kriegen, und da gibt es andere, bei denen klappt das ganz toll, das hätte man dann vorher nicht vermutet.

Ja, da gibt es schon Leute, die sich ewig beklagen, wie schlecht es ihnen geht und wie diskriminiert sie werden als Alleinerziehende und daß sie kein Geld haben und dies und das. Wenn ich mich dann mal ein bißchen genauer mit ihnen unterhalte, dann kommt das immer wieder auf ein und dasselbe heraus: Sie richten sich in dieser Lebenssituation, alleinerziehend zu sein, überhaupt nicht endgültig ein, sondern sie halten das alles für einen Zwischenzustand, der dann wieder durch eine zweite Ehe abgelöst wird. Irgendwann kommt wieder einer, der für mich sorgt – unausgesprochen hängt das in der Luft. Und das, denke ich, ist der Hauptfehler, den die Leute machen: Sie stellen sich nicht konsequent darauf ein, daß sie mit ihren Kindern alleine leben, daß sie allein ihr Geld verdienen müssen, daß sie sich alleine ihre Freunde suchen und alleine überlegen müssen, wie sie ihre Freizeit verbringen. Damit sehen sie auch nicht die Vorteile, die das alles hat: daß man sich eben nicht mit anderen absprechen muß, daß man durch den Beruf viel Anerkennung kriegt, daß man ein ganz anderes Verhältnis zu seinem Kind kriegen kann und und und. Für mich ist so etwas alles gar kein Problem. Ich begreife einfach nicht, wo da überhaupt ein Problem darin stecken soll, wenn man alleinerziehend ist. Ich habe mehr enge Freundinnen als die meisten Ehefrauen, ich kann über meine Zeit selbst verfügen und mache das, was ich für richtig halte. Ich kann meine Wohnung einrichten, wie ich es will, kann in Urlaub fahren, wohin und mit wem ich will, und ich habe keine Schwierigkeiten damit, wenn ich am Abend ins Theater gehen möchte, das auch alleine zu tun. Was soll denn groß dabei sein? Manchmal verabrede ich mich mit jemand, und wenn niemand kann, dann gehe ich eben alleine – ob das ins Theater ist, ins Kino, in eine Dichterlesung oder in ein Rockkonzert. Und wenn man mal die Augen richtig aufmacht, sieht man, daß es sehr viele einzelne Leute gibt auf solchen Veranstaltungen, aber, das ist so das typische Verhalten von vielen Ex-Ehefrauen, die denken: ‚Ach du lieber Himmel, da sind doch überall nur Paare, und ich als einzelne Frau, wie sieht das aus?!' Nun, den Blickwinkel muß man sich eben abgewöhnen.

So, also für mich persönlich bin ich eine ganz vehemente Verfechterin des Alleinlebens. Ich sage ja nicht, daß es mir alle nachmachen müssen. Aber ich glaube, wenn viele Frauen konsequent nachdenken würden, kämen sie zu einem ganz ähnlichen Ergebnis wie ich: Allein lebt sich's glücklicher! Ja, und dann kommt natürlich der übliche Vorwurf: „Du bist aber egoistisch, und an dein Kind denkst du überhaupt nicht. Gerade ein Junge, und so ein Mutter-Sohn-Verhältnis. Ein Kind braucht doch einen Vater." Und: „Du bist auch nicht beziehungsfähig." Und so weiter und so fort, also die ganzen Klischees, die immer wieder von denen geäußert werden, die so aus der Psychoszene kommen, und solche Leute habe ich ja nun auch hier ständig um mich. Leider. Also, daß ich nicht beziehungsfähig bin, kann nun wirklich kein Mensch mehr behaupten, denn ich habe seit Jahren dieselben festen Freundinnen. Und einige andere gute Beziehungen, die vielleicht nicht eng sind, aber trotzdem freundschaftlich. Sind solche Beziehungen etwa nichts wert? Sind Freundschaften, die verläßlich sind, weniger wert als eine miese, gequälte Ehe? Und das Klischee von dem engen Mutter-Sohn-Verhältnis: Ob es generell stimmt, weiß ich nicht. Jedenfalls habe ich oft genug bewiesen, daß mein Sohn und ich ein gutes Verhältnis haben, ohne daß wir uns ständig umklammern. Wir haben uns so viele Freiräume gelassen, weit mehr als dies in vielen „richtigen" Familien der Fall ist; wenn eine Frau Hausfrau ist, nichts Eigenes hat und keine Aufgabe außer den Kindern, dann klammert sie sich bestimmt mehr an sie als eine alleinerziehende Mutter, die einen Beruf hat und ein ausgefülltes Privatleben.

Und mit der vielgerühmten Vorbildfunktion der Väter für die Identitätsentwicklung ihrer Kinder, das habe ich ja nun schon vorhin gesagt: Es gibt eine Reihe Väter, die alles andere als gute Vorbilder für ihre Söhne sind, wie es übrigens auch eine Menge Frauen gibt, die für ihre Töchter genauso fragwürdige Beispiele sind – wie kann sich ein Mädchen an einer Mutter orientieren, die alles selbstlos für Mann und Kinder herrichtet und dann ihre eigenen Bedürfnisse sträflich vernachlässigt? Und dann vielleicht ihrer ganzen Familie zum Vorwurf macht, sie sei ausgenutzt worden!

Andreas gehört zu den Tausenden von Kindern, die ihre Kindheit und ihre Jugend gänzlich ohne Vater verbracht haben – sieht man mal von der kurzen Eheepisode mit Bernhard ab, und da waren seine Erfahrungen mit einem Vater ja nun nicht gerade die besten. Nun, und die wenigen Erfahrungen, die er mit seinem leiblichen Vater gemacht hatte, die waren leider auch nicht dazu angetan, irgend so etwas wie ein positives Vaterbild zu entwickeln. Da hat mir schon manchmal leid getan, denn die Art und Weise, wie sein Vater ihn behandelt hat, das dürfte man einem Kind nicht antun. Sein Vater hat in ihm offenbar nie einen Menschen gesehen, der auch eigene Bedürfnisse hat, sondern hat das bißchen, das er sich überhaupt jemals gekümmert hat, immer so arrangiert, wie es ihm selbst am besten in den Kram paßte. Da kann man es Andreas eigentlich auch nicht übelnehmen, wenn er in seinem Vater hauptsächlich jemanden sieht, der verantwortlich für die regelmäßigen monatlichen Unterhaltszahlungen ist. Im Vergleich zu anderen Kindern fällt bei ihm der Unterhalt relativ hoch aus, Peter hat ja inzwischen eine eigene, gutgehende Praxis. Trotzdem hatten wir mal festgestellt, daß er ein paar Jahre lang fast 200 Mark monatlich zuwenig gezahlt hat! Ich habe es damals in Andreas' Namen, weil er noch nicht achtzehn war, über das Jugendamt eingefordert, heute vertritt Andreas seine Unterhaltsforderungen selbst.

Seinen Vater kennt Andreas nur als Besuchsvater, und diese Besuche waren selten genug. Und das, obwohl kurz nach unserer Scheidung unheimlich komplizierte Besuchsverhandlungen geführt wurden, da hat Peter sogar mit Entführung gedroht für den Fall, daß ich ihm Andreas nicht gebe, wann immer er, Peter, will. Also es war alles ziemlich stressig – es fällt mir jetzt wieder ein, da sieht man mal, so etwas vergißt man völlig! Jedenfalls hat er Andreas ein paarmal besucht, das wurde nachher immer seltener, mal kam er, wenn er sich angekündigt hatte, mal kam er nicht. Das hat dann dazu geführt, daß ich meinem Sohn nie vorher gesagt habe, wann sein Vater kommt, um zu vermeiden, daß er dann enttäuscht ist. Die Besuche waren ansonsten für Andreas wohl eher langweilig: Peter ging ein bißchen mit ihm spazieren, saß aber meistens bei mir herum und hat mit mir gequatscht, während Andreas vor sich hin spielte. Später blieb Peter sowieso ganz weg.

Als ich dann Bernhard heiratete, da war er scharf darauf, daß Bernhard Andreas adoptiert – damit hätte er ja seine monatlichen Unterhaltszahlungen gespart. Das wollte ich aber nicht, das fand ich irgendwie unecht und verlogen. Andreas war nicht Bernhards Sohn, und ich wollte ihm keinen neuen Vater, jedenfalls nicht formal-juristisch, aufdrängen. Und dann hat Peter sich völlig inkonsequent verhalten, also komplett irrational, als er nämlich merkte, daß das mit der Adoption nichts werden würde, hat er wieder angedroht, Andreas zu entführen. Ich habe dann das Jugendamt eingeschaltet, habe auch in der Schule Bescheid gesagt, daß sie ein bißchen mit darauf achten sollten, wer Andreas abholt, also in der Zeit waren wir ziemlich im Streß! Ich hatte damals befürchtet, daß Peter das Ganze wirklich ernst meint. Ich habe auch mit Andreas darüber gesprochen und war froh, daß er sich da so vernünftig und ruhig verhalten hat.

Heute kommt es mir vor, als wäre das Ganze bloß ein kalkulierter Psychoterror gewesen, was weiß ich warum. Vielleicht war es Wut darüber, daß ich einen neuen Partner hatte, vielleicht war es auch Peters ganzer Ärger, daß er weiterhin Unterhalt zahlen mußte. Andreas war ihm wohl bei der Sache ziemlich egal.

Als wir dann wieder alleine wohnten, hat Andreas ihn zweimal bei seiner neuen Familie besucht. Peter war ja damals nach dem Unfall direkt aus der Klinik zu seiner Freundin gezogen, also der Frau, mit der er den Unfall hatte und mit der das Verhältnis angeblich vorbei war. Sie sind inzwischen längst verheiratet und haben zwei Kinder. So, und Andreas hat diese Familie zweimal besucht, jedes Mal aufgrund seines eigenen ausdrücklichen Wunsches. Länger als ein Wochenende haben die Besuche aber nicht gedauert. Beim ersten Mal ist er alleine mit dem Zug hingefahren, sein Vater hat ihn dann am Bahnhof abgeholt. Beim zweiten Mal hat Peter den Besuch ganz großartig inszeniert. Er hat Andreas hier in der Nähe mit dem Flugzeug abgeholt, wahrhaftig! Hier ist ja ein privater Flugplatz, und ich habe Andreas also hingebracht, und da landet sein Vater großartig mit dem Flugzeug eines Freundes! Andreas war damals dreizehn und nun zeige mir jemand einmal einen dreizehnjährigen Jungen, dem so etwas nicht wahnsinnig imponiert hätte, von seinem Vater mit einem Flugzeug abgeholt zu werden.!

Natürlich sah Andreas, daß die Bedingungen, daß der ganze Lebensstil bei seinem Vater, mit dem vielen Geld im Hintergrund, etwas völlig anderes war als bei uns zu Hause. Und ich kann es keinem Kind ernstlich verdenken, wenn es davon beeindruckt ist. Schließlich leben wir in einer Welt, in der Äußeres sehr viel ausmacht, da kann ich einem Kind noch soviel erzählen, daß Geld nicht alles ist. Der Lebensstil meines Ex-Mannes weist viel Imponiergehabe auf. Aber damit mußte Andreas eben auch lernen zu leben, daß es bei uns zu Hause anders zugeht. Schließlich leben wir ja auch nicht ärmlich und in Lumpen gehüllt!

Ja, und jetzt kommt das, was ich so unheimlich verletzend fand, was zeigt, daß Peter sich um seinen Sohn gar keine Gedanken gemacht haben kann: Als Andreas ein Jahr später wieder nachfragte, ob er in den Sommerferien eine Woche kommen könnte, da kam erst mal gar keine Antwort. Dann schrieb Andreas noch mal ein Kärtchen – und wieder nichts. Und die Sommerferien rückten näher. Dann habe ich mich also überwunden und selbst ans Telefon gehängt und angefragt, ob Andreas kommen könnte und wann. Also druckst mein Ex-Mann herum: Es würde nicht klappen, und vielleicht ein anderes Mal, aber er hätte soviel zu tun, und sie würden auch in Urlaub fahren und dies und das.

Andreas war erst mal schwer enttäuscht, weil er damit nicht gerechnet hatte, denn, wie gesagt, im Haus meines Ex-Mannes gab es viel, was ihm imponierte. Und immer und immer wieder kamen Absagen! Dann habe ich meinem Sohn den Verschlag gemacht, weil ich fand, da war er schon vierzehn und alt genug, und ich selbst hatte keine Lust, mich dazwischenzuhängen, also habe ich ihm dann den Vorschlag gemacht, selbst mal zum Jugendamt zu gehen und nachzufragen, ob die nicht einen Besuch bei seinem Vater vermitteln könnten. Die waren auch alle sehr nett und haben gesagt: „So etwas hat noch nie einer gefragt", und haben sich auch gleich hingesetzt, alles genau angehört, und der zuständige Sachbearbeiter hat einen Brief geschrieben, von dem wir eine Kopie bekommen haben. Also im großen und ganzen fand ich den Brief auch in Ordnung bis auf einen Satz, der mich dann doch ziemlich gewurmt hat. Da stand, ungefähr wörtlich: „Aus verschiedenen wissenschaftlichen Untersuchungen ist uns bekannt, daß es gerade für Jungen wichtig ist, Kontakt mit ihrem Vater zu haben, und daß es zu schweren Entwicklungsstörungen führen kann, gerade bei Jugendlichen, wenn der Vater fehlt." Nun, das fand ich schon ziemlich ärgerlich. Es ging ja nicht darum, daß Andreas irgendwelche Entwicklungsstörungen kriegen oder nicht kriegen würde, der hatte keinerlei Störungen, ob mit oder ohne Vater. Es ging darum, daß das sein Vater ist und daß er den Wunsch hatte, ihn einmal im Jahr für eine Woche zu besuchen. Und daß sich ja schließlich ein Vater nicht so rundweg um diese Verantwortung drücken kann. Daß man, wenn man ein Kind hat, nicht einfach mit ihm herumspielen kann, nach dem Motto: Heute besuche ich dich, morgen lasse ich dich im Regen stehen! Das ist an der ganzen Geschichte so schofel und so unglaublich ignorant, und nicht irgendwelche Entwicklungsstörungen, die er dadurch angeblich kriegt!

Mein erster Impuls war, den Sachbearbeiter über den Unsinn mit den Entwicklungsstörungen aufzuklären, aber dann dachte ich: Sei's drum, er wollte damit wohl nur was Gutes tun und hat geglaubt, das Argument würde bei Peter ziehen.

Aber weit daneben! Das hat ihn nun überhaupt nicht beeindruckt. Er hat dann an das Jugendamt zurückgeschrieben, und von diesem Brief haben wir ebenfalls eine Kopie bekommen, und ich fand das so verletzend, so schlimm für ein Kind in diesem Alter, was er geschrieben hat: „Ich habe hier in einer Kleinstadt eine Praxis, bin ein angesehener Arzt mit Familie. Ich lebe in einer konservativen Gegend, und es wäre für mich, für meine Frau und ganz besonders auch für meine Kinder eher abträglich, wenn Andreas zu Besuch käme. Außerdem ist er uns allen so fremd, daß er nicht mit uns harmoniert. Es erübrigt sich daher auch, Pläne zu entwickeln, vielleicht woanders gemeinsam Urlaub zu machen. Ansonsten werde ich natürlich weiterhin meinen Verpflichtungen nachkommen und regelmäßig Unterhalt zahlen."

So, und das erkläre einmal einem Vierzehnjärigen und versuche dabei, sein Selbstwertgefühl nicht zu verletzen und ihm gleichzeitig auch nicht seinen Vater rundum madig zu machen. Das ist schon ein Kunststück. Aber er hat es gut weggesteckt. Es blieb ihm ja auch nichts anderes übrig.

Zum Glück brauche ich mir um Andreas' Selbstwertgefühl nicht allzuviel Sorgen zu machen. Er ist intelligent, hat immer sehr viele Interessen gehabt, macht viel Musik, hat Freunde, ich glaube, er hatte eine schöne Kindheit. Ich habe ihn um diese Kindheit beneidet.

Nun ist ja dieser Lebensabschnitt zu Ende, ich betrachte mich natürlich nicht mehr als alleinerziehende Mutter. Andreas macht in diesem Jahr Abitur, seine Berufspläne wechseln noch, fest steht erst mal nur, daß er Zivildienst machen will. Aber ich bin sicher, daß er seinen Weg gehen wird, er hat alle Anlagen dazu und von Haus aus alles mitbekommen, um ein lebenstüchtiger Mensch zu werden.

Ich stehe nun manchmal vor der Frage, ob ich nicht auch beruflich etwas ganz Neues machen soll. Mit meinem jetzigen Beruf identifiziere ich mich schon lange nicht mehr. Ich bin zwar auch Personalratsvorsitzende, bin also sehr engagiert, aber hin und wieder liebäugele ich auch mit dem Gedanken, etwas ganz anderes zu machen. Mein zweites Standbein ist ja der Sport. Inzwischen habe ich Prüfungen für Sportlizenzen abgelegt und gebe selbst Sportkurse, das mache ich nun ausgesprochen gerne, das liegt mir sehr. In dieser Richtung würde ich gerne etwas beruflich machen, aber was es genau sein soll, weiß ich noch nicht. Eins aber weiß ich genau: Beruflich und finanziell will ich auf Nummer Sicher gehen. Ich würde nicht irgend etwas Risikoreiches anfangen, wo ich ein halbes Jahr später vor dem Nichts stehe. Mein Beruf ist vielleicht nicht gerade das Gelbe vom Ei, aber er bringt mir ein regelmäßiges, gesichertes Einkommen. Und ich muß mich nicht so abrackern, daß ich keine Freizeit mehr hätte – ein routinierter Alltagsjob also. Im Moment wälze ich Pläne hin und her, habe aber noch nichts Endgültiges ins Auge gefaßt. Ich bin jetzt siebenundvierzig, und ich habe noch achtzehn Berufsjahre vor mir. Ich kann mir nicht vorstellen, noch die ganzen achtzehn Jahre diesen Job zu machen.

Aber die Sache mit beruflicher Veränderung kann ich andererseits auch ganz gelassen angehen. Mein Arbeitsplatz ist sicher, ich bin inzwischen sogar aufgrund meiner langjährigen Betriebszugehörigkeit unkündbar und halte jetzt Augen und Ohren offen, ob sich irgendwo eine Möglichkeit ergibt, etwas ganz anderes zu machen. Irgendwas fällt mir da schon noch ein. Ich freu mich jedenfalls auf die Zukunft!

Scheidung als Befreiung

Für viele Frauen ist die Scheidung Anlaß, nicht nur ihre privaten, sondern auch ihre beruflichen Pläne von Grund auf neu zu überdenken. Scheidung als Chance zur Befreiung von traditionellen Normen, von Vorstellungen, die in der Kindheit vermittelt und mit ins Erwachsenenleben übernommen wurden – diese Seite der Scheidung wird oft übersehen.

Wieviel Kraft und Kreativität mit der Beendigung einer Ehe, mit der Ent-Scheidung, eine unhaltbare und niederdrückende Beziehung zu beenden, letztlich freigesetzt werden können, wird im folgenden Bericht von Else deutlich.

„... es gehört auch dazu, rechtzeitig zu erkennen, wann Geist, Seele und Körper bereit sind, neue Wege zu gehen"

Else, 47 Jahre, zwei Kinder, 19 und 17 Jahre

Ich bin ein typisches „Heimkehrerkind". Mein Vater kam aus amerikanischer Kriegsgefangenschaft zurück, und pünktlich, genau neun Monate später, kam ich auf die Welt.

Ich glaube heute, diese ganze Nachkriegszeit, besonders unsere Armut in den ersten Jahren, hat mein Leben sehr geprägt. Wir waren insgesamt vier Kinder, und weil mein Vater in diesen Nachkriegswirren ersteinmal an Arbeit nahm, was er kriegen konnte, hatte ich zehn kunterbunte erste Lebensjahre. Zum Glück wohnten wir auf dem Land, hatten einen riesigen Garten, der uns ganz gut ernährte. Natürlich mußten wir immer mit anpacken. Es war gar keine Frage, daß wir schon als Kinder ordentlich ran mußten. Aber ich möchte gleich sagen, und das hört sich jetzt hoffentlich nicht schon so nach Altersweisheit an, aber das ist mir doch wichtig, daß ich das in keinster Weise bedauere, als Kind schon so früh – notgedrungen – zum Arbeiten erzogen worden zu sein. Daß einem nichts in den Schoß fällt, daß man nichts geschenkt bekommt, das war ein ganz natürlicher Lerneffekt.

Trotzdem: Ein Widerspruch hat meine gesamte Kindheit und Jugend geprägt; auf der einen Seite war die große Armut, das einfache Leben, die Arbeit. Auf der anderen Seite aber gehörte unsere Familie zum typischen Bildungsbürgertum. Es gab viel Künstlerblut in unserer Familie: Musiker, Maler, aber auch Kaufleute. Da war es ganz selbstverständlich, daß wir alle vier ein Gymnasium besuchten, obwohl das für uns damals, weil wir eben auf dem Lande wohnten, einen Schulweg von vielen Stunden bedeutete. Oft kam ich erst nachmittags um vier Uhr nach Hause. Für Fahrschüler war der Tag lang: mit dem Fahrrad zum Bus, mit dem Bus zum Zug, dann noch fast eine halbe Stunde zu Fuß zur Schule, nach Schulschluß dasselbe zurück – mit dauernder Warterei auf den Zug, auf den Bus.

Es war auch nie eine Frage, daß alle Kinder ein Instrument lernen würden. Für so etwas schränkt man sich dann eben woanders ein: bei der Kleidung, beim Essen, überall da, wo Sparen überhaupt noch möglich ist.

Aber andererseits gab man uns allen die Warnung mit auf den Lebensweg, daß Kunst nur, aber wirklich nur, eine Freizeitbeschäftigung ist. Musik ist ein Hobby, es macht Freude wie das Lesen von Gedichten, aber sein Geld verdient man mit „richtiger" Arbeit.

Entsprechend entsetzt fiel natürlich die Reaktion meiner gesamten Familie aus, als ich mit Anfang Dreißig, geschieden und Muter zweier noch nicht einmal schulpflichtiger Kinder, meinen gesicherten Beamtenjob darangab, um eine Ausbildung als Orchestermusikerin zu machen. Klar, daß ich das noch bereuen würde.

Aber das ist jetzt weit vorgegriffen. In meiner Kindheit gehörte Musizieren zum Alltag. Irgendwie haben es meine Eltern trotz unseres chronischen Geldmangels immer eingerichtet, daß wir Musikunterricht bekamen – wie sie das geschafft haben, darüber habe ich mir, ehrlich gesagt, als Kind keine Gedanken gemacht. Heute sehe ich natürlich auch den Verzicht, den das bedeutet hat.

Mein ältester Bruder und ich hatten schon eine ganze Weile Blockflöte gespielt. Er durfte dann Klavierunterricht nehmen, ich selbst fuhr fort mit Altblockflöte. Als man dann meinte, ich sei groß und stark genug (Zweifel gab es immer), wurde mir das Zugeständnis gemacht, es mit dem Cello zu versuchen, da sich im Schul-Fundus ein altes, vielfach geflicktes, näselndes Cello befand, sogar mit Bogen. Der allerdings ohne Haare. Gut, das ließ sich richten. Mein erstes eigenes Cello habe ich mir später selbst zusammengespart.

Cello spielen – für mich als Elfjährige war das ganz wichtig. Mein Vorbild war dabei ein Cello-spielender Fast-Abiturient an meiner Schule, den ich sehr verehrte. Mädchen bekamen ja meist zu hören: „Ach, so ein Instrument ist viel zu groß und zu schwer für dich."

Es war aber ganz selbstverständlich, daß ich ebenfalls wie meine Brüder studieren würde. Allerdings war da so eine gewisse Doppelbödigkeit, viel Widersprüchliches. Einerseits sollte man also schon nach Höherem streben, andererseits war das aber für Mädchen doch nicht so recht einprogrammiert. „Höhere Bildung" – das bedeutete für ein Mädchen: Lehrerin werden, berufstätig sein bis zur Heirat, höchstens bis zum ersten Kind, und dann eine gebildete Gattin zu sein, natürlich die eines Partners aus entsprechenden Kreisen. Und die Musik als Hausmusik und für Gäste – schön, gell?

So wurde ich also mehr oder weniger in den Beruf der Lehrerin hineingedrängt, das gilt ja als solider, anständiger Frauenberuf. Nur die typische Ausbildung, die man damals so für höhere Töchter vorsah, die zwar einerseits was werden sollten, andererseits aber doch nicht gerade soviel, so eine Schmalspurausbildung wie „Pädagogische Hochschule", „kleine Fakultas", „Lehrerbildungsseminar", also alles das, was es damals so gab, das wollte ich auf keinen Fall. Ich bin richtig an die Uni und habe studiert, Deutsch und Französisch. Zwar typische Frauenfächer, aber immerhin. Gewohnt habe ich während des Studiums noch zu Hause wie meine Geschwister auch. Das war einfach schon aus finanziellen Gründen notwendig, denn so etwas wie BAföG gab es ja noch nicht. Es gab zwar das Honnefer Modell, aber meine Eltern haben es immer abgelehnt, einen Antrag zu stellen.

So, und dann habe ich ein Stipendium nach Frankreich bekommen, für ein ganzes Studienjahr! Das war schon was. Und dann, in dieser hochinteressanten Zeit, das war ja in den Achtundsechzigern, das hat bei mir einiges ausgelöst. Da war in Frankreich an den Universitäten ja viel los – ich glaube, mehr noch als in Deutschland. Jedenfalls fing alles früher an als hier. Die politischen Diskussionen – Marxismus, Psychoanalyse ...; ich reflektierte damals zum erstenmal auch meine Herkunft, mein Elternhaus – Bildungsbürgertum und liberal, das, was man in den Achtundsechzigern „scheißliberal" nannte, mit allem Positiven, was solche Eltern ihren Kindern zweifellos auch vermitteln, aber eben mit diesem enormen moralischen Druck, den Zwängen, also diese ganze subtile, doppelte Moral, die ganze Spießigkeit.

Und da war ich eben immer noch Tochter aus behütetem Elternhaus und empfand das als ungeheuren Makel, daß ich noch Jungfrau war mit zweiundzwanzig Jahren! Mit dem ersten Mann habe ich mich einzig und allein zu dem Zweck zusammengetan, um meine Jungfernschaft zu verlieren. Keine tiefere Bindung, wirklich nur dieses eine Interesse.

In Frankreich habe ich dann auch meinen ersten Freund kennengelernt, Marcel, einen Pharmaziestudenten, der in seiner Freizeit und um sich etwas Geld zu verdienen, als Pianist arbeitete. Es war das, was man die ganz große Liebe nennt. Wir zogen zusammen, aber, na ja, es bröckelte schon bald. Unausgegorene Erwartungen, Ansprüche, die der andere an einen stellt und die man nicht erfüllen kann oder will..., was da eben so eine Rolle spielt manchmal.

Jedenfalls habe ich dort in Frankreich gearbeitet, während

er studierte, ich gab Unterricht an einer Mädchenschule, und das war nun was absolut Neues für mich – schrecklich. Diesen Stil war ich überhaupt nicht gewöhnt, ich selbst bin ja an einer Jungenschule gewesen, einer Jugenschule mit ein paar Ausnahmemädchen drin. So, und nun ich an einer Mädchenschule, lauter höhere Töchter mit albernem Getue. Es gibt drei Dinge, die ich schon immer tief verabscheut habe: Bonbonrosa, Lockenwickler und Küchenschürzen. Und diese Mädchenschule war für mich ein Symbol für alles drei – ich habe es nur mit größtem Widerwillen ertragen.

Aber es war schließlich mein Broterwerb. In meiner Freizeit habe ich weiter Cellounterricht genommen, bin sogar deshalb extra nach Paris getrampt zu einem bekannten Lehrer und habe wohl dort den besten Unterricht bekommen, den man sich denken konnte. Ich hatte mich bis zu Bartók hochgearbeitet, zur höchsten Stufe der Vollendung. „Nun kannst du alles Wesentliche, der Rest ist Üben", damit hat mich mein Lehrer verabschiedet.

Das Zusammenleben mit Marcel dauerte nicht lange, leider – trotz – oder vielleicht wegen – der großen Liebe. Um es kurz zu machen: Ich ging wieder nach Deutschland zurück, machte dort mein Referendariat und habe ziemlich bald meinen Mann, Holger, kennengelernt, das genaue Gegenteil von Marcel, sowohl äußerlich als auch in seiner ganzen Art: zielstrebig, selbstbewußt, robust und geschäftstüchtig. Es ging dann alles sehr schnell: Schwangerschaft, Heirat, Geburt von Anselm und dann, knapp zwei Jahre später, von Henrike.

Von Anfang an ahnte ich eigentlich schon, daß es nicht gutgehen konnte. Als ich ihn mit seiner Familie sah, wurde mir schlagartig klar, daß er als Pascha groß geworden war. Die anderen, die sollten als seine Dienstboten fungieren. Ich hatte seine ganze Verwandtschaft auf dem Hals, seine Eltern, seine Cousinen, alle wohnten in der Nähe, alle hatten mich mehr oder weniger unter Kontrolle, mischten sich ein, und die eifersüchtige Schwiegermutter war der Motor der Sippschaft. Daß ich berufstätig war, mißbilligten sie sowieso, obwohl das

Geld natürlich willkommen war. Daß ich auch noch den Wunsch hatte, hin und wieder einmal in einem Kammerkonzert mitzuspielen und im Ortsverein meiner Partei mitzuarbeiten, boykottierten sie auf miese Art: indem sie zum Beispiel zugesagte Babysittertermine nicht einhielten!

Heute kann ich mir nicht erklären, warum ich nicht gleich postwendend gegangen bin, aber irgendwie war mir in diesem ganzen Verwandtschaftsklüngel-Kleinkrieg, bei diesen ständigen Finten gegen mich jede Kraft abgestorben. Ich fühlte mich regelrecht erloschen, ausgelaugt, ging mir irgendwie verloren. Jedem, der von Großfamilie auf dem Dorf schwärmt, hätte ich gerne mal eine Erlebniswoche in so einem Zirkel gegönnt. Man wird winzig klein, funktioniert nur noch auf Sparflamme.

Weihnachten kam der endgültige Bruch. Anselm war gerade drei, Henrike ein Jahr alt. Unser Ehestreit hatte sich eskaliert, und da schlug Holger mir ins Gesicht! Das war wie ein Signal, das war das Ende! Als wir auf die Ehe zugesteuert waren, hatte ich ihm einmal gesagt: „Wenn du auch nur einmal wagst, mich zu schlagen, bin ich am nächsten Tag beim Anwalt."

Zu reden gab es da ohnehin nichts mehr. Da war keinerlei Einsicht, nichts, nur so ein lapidares „Du hättest mich ja nicht so reizen müssen". Das war der Schlußstrich.

Er hat dann noch eine Eheberatung eingeschaltet, aber die war nur dazu da, ihm recht zu geben und mich schuldig zu sprechen. Nach diesem „Versuch" reichte ich ein Versetzungsgesuch ein und ließ ihn eine Trennungserklärung unterschreiben.

Das hört sich jetzt alles sehr einfach und schlüssig und konsequent an, aber ich hatte diese dreieinhalb Jahre ernsthaft und zäh versucht, eine gute Ehefrau zu sein. Im nachhinein muß ich meinem Exgatten sogar recht geben. Der meinte nämlich, ich könne gar keine Ehefrau sein – und so, wie sich 90 Prozent der europäischen Männer eine Ehefrau vorstellen, so eine will ich auch gar nicht sein.

So, die Zeit, die dann folgte, könnte man gut und gerne als eine Radikalbefreiung bezeichnen. Ich habe wirklich komplett neu angefangen. Natürlich nicht von heute auf morgen, das Ganze war schon ein Prozeß, aber ich habe es entschieden und unwiderruflich auf den Weg gebracht: meine dreifache Befreiung – Befreiung aus meiner Ehe, aus den bürgerlichen Sicherheits- und Moralvorstellungen meiner Familie und letztlich auch die „Befreiung" aus meinem ungeliebten nervenfressenden Lehrerdasein.

So, zuerst bin ich natürlich in meinem Beruf als Lehrerin geblieben. Ich war ja inzwischen beamtete Studienrätin, und so etwas gibt man nicht von heute auf morgen einfach auf. Gesichertes Einkommen, sicherer Arbeitsplatz , das war schon etwas, und so einen Lehrerinnenjob kann man eben auch relativ gut mit Kindern vereinbaren – relativ gut, das muß man betonen. Denn ich habe nie den Luxus gehabt, leider auch später nie, daß es an unserem Wohnort eine Kindertagesstätte gegeben hätte. Überall diese Zwölf-Uhr-Kindergärten, die können einen schon zur Verzweiflung bringen! Ich habe also immer noch eine Tagesmutter für die Kinder gebraucht, denn wenn ein Kindergarten um zwölf Uhr zu- und um zwei Uhr wieder aufmacht – wie soll eine Mutter da gescheit arbeiten? Da bist du auch als Lehrerin aufgeschmissen. Gut, die langen Ferien, das ist ein Plus, das hast du in keinem anderen Beruf!

Aber Lehrerin war ich nicht gerne. Ich bin es nicht aus Überzeugung geworden, und die Berufsjahre haben mich noch darin bestärkt, daß das für mich nicht das richtige war. Das ganze Schulsystem, die Schulhierarchie, dieser ganze verbürokratisierte Kram – damit wollte ich meine Tage nicht beenden.

So, und nun war ich Anfang Dreißig, und wenn ich noch eine Ausbildung als Orchestermusikerin machen wollte – also das war klar, daß die Musik künftig mein Beruf sein würde -, wenn ich da nun noch reinkommen wollte, dann mußte ich in die Schuhe kommen, und zwar schnell. Das war alles gar nicht so einfach, obwohl ich inzwischen schon sehr gut spielte, mußte ich natürlich noch eine richtige Ausbildung machen, und da stellte sich eben die ganz banale Frage: Wovon sollte ich in dieser Zeit leben, ich und meine Kinder?

Ich habe mich dann vom Lehramt beurlauben lassen, das geht ja zum Glück bei Beamten. So, und dann habe ich erst mal zweieinhalb Wochen lang nur Theorie gepaukt für die Aufnahmeprüfung an der Musikhochschule. Von Theorie hatte ich absolut keine Ahnung, aber zum Glück hatte ich da noch Unterlagen vom Funkkolleg Musik, das hatte ich damals so nebenher gemacht, noch während meiner Ehezeit Und nun habe ich mich also hingesetzt und bis in die späte Nacht rein einfach nur gepaukt. Da war nun mein Ex-Mann Holger sehr entgegenkommend, in dieser Zeit hat er die Kinder zu sich genommen – nicht so ganz uneigennützig, wie das jetzt klingt. Da muß ich jetzt mal was einschieben:

Jahrelang hat er ernstlich das Ziel verfolgt, eins der Kinder ganz zu sich zu nehmen. Er wollte immer den Jungen, den Stammhalter. Na ja, so etwas lief eben auch alles noch in dieser Zeit nebenher: die Vorwürfe, ich sei eine Rabenmutter, das Anschwärzen beim Jugendamt, die Kinder bekämen nicht genug zu essen. Sie waren eben nicht kugelig und rund, sondern schlank und gesund. Also er hat mir auch immer angedroht, mir die Kinder wegzunehmen. Es kam sogar mal jemand vom Jugendamt, um zu kontrollieren, ob die Kinder auch gut versorgt sind! Also ein solcher Streß nebenher macht einen auch nicht gerade entspannter! Ich wollte auf gar keinen Fall die Kinder trennen, weil ich wußte, die hängen so aneinander, dann geht jedes einzelne zugrunde. Zu zweit helfen sie sich, sie hielten auch gegen mich zusammen, und ich war auch der Meinung, sie müssen sich gegenseitig gegen mich und gegen andere wehren können. Sie waren sich so eine große Unterstützung, gerade in den schwierigen Jahren, es wäre unverantwortlich gewesen, sie zu trennen.

Mein Ex-Mann ist damit natürlich auch vor keinem Gericht durchgekommen, aber er hat es versucht; und dieser ganze Nervenkrieg... ich mag nicht mehr daran denken.

Es hat sich alles erst dann beruhigt, als er wieder eine neue Frau hatte. da war er dann wieder gut aufgehoben, von morgens bis abends umtuttelt, sie hat ihn umsorgt, und da hatte er dann endlich wieder was Besseres zu tun, als mir ständig das Jugendamt auf den Hals zu hetzen.

Aber Nerven brauchst du dann schon, wenn du so was noch nebenbei hast. Denn die ganze Musik ist, für sich allein genommen, schon ein starker – allerdings positiver – Streß. Das denke ich oft: Die Leute hören Musik, und sie entspannen sich dabei. Und derjenige, der die Musik macht, ist in allerhöchster Anspannung, körperlich und geistig.

Ja, also während meiner Zeit an der Musikhochschule hatte ich überhaupt keinen Verdienst. An Unterhalt für die Kinder kam das allermindeste Minimum, gar nicht zu zahlen hätte mein Mann sich nicht getraut, weil das einen schlechten Eindruck gemacht hätte – er kämpfte ja um den Jungen. Ich habe dann einen Sparvertrag aufgelöst, mir ein bißchen Geld zusammengeliehen und eben ganz, ganz sparsam gelebt.

Als Studentin, ich war damals eingeschrieben, hätte ich auch keine Sozialhilfe bekommen, selbst wenn ich mich überwunden und einen Antrag gestellt hätte. Zum Glück waren die Musikerkollegen so nett und haben mir hin und wieder mal eine „Mucke" zugeschustert, manchmal konnte ich dann als Aushilfe in einem Symphoniekonzert mitspielen, das brachte dann ein bißchen Zubrot. In dieser Zeit waren wir ziemlich weit vom Existenzminimum entfernt – nicht von oben, sondern von unten.

Da wurde ich natürlich auch gefragt: „Warum trickst du das nicht alles so, daß dein Ex-Mann dir noch Unterhalt zahlen muß? Aber das wäre für mich nicht in Frage gekommen! Ich hatte von vornherein auf persönlichen Unterhalt verzichtet – und dann betteln gehen – nein!

Das Ganze erinnerte eigentlich ein bißchen an meine Kinderjahre: total arm, aber stolz und hoch gebildet, kein Hemd am Leib, aber die tollsten Flausen im Kopf! Nun ja, ganz so schlimm wie „kein Hemd am Leib" war es nicht, aber eben doch hart. Letzten Endes hat sich das alles aber gelohnt, ich würde es jederzeit wieder so machen!

Nun, die Ausbildung habe ich erfolgreich abgeschlossen, obwohl, das muß ich ehrlich zugeben, mit der Überei bin ich zwangsläufig immer hinterhergehinkt. Es ist ja schon sowieso ein Problem, Kinder und Studium zu organisieren. Wenn du aber was studierst, was du hauptsächlich mit Lesen bewältigen kannst, dann setzt man sich eben abends hin, wenn die Kinder schlafen, und sagt sich: „So, nun liegen sie endlich im Bett, nun schaffst du nocheinmal zwei Stunden was weg. Wenn du aber Musik machst, liegen die Dinge anders. Mittags zwischen eins und drei darfst du nicht, und abends ab sieben wird es eben langsam heikel. Nun ja, und Nachbarn sind sowieso nicht begeistert, wenn ihnen da ein Streichinstrument stundenlang die Ohren volljault. Ich habe mir dann manchmal einen „Tonwolf" auf den Steg gelegt, das ist ein riesiger Dämpfer, der fast alles erstickt, man hört dann selbst kaum noch was. Das ist eine Notlösung, mehr aber auch nicht. Denn die Frequenzen klingen nicht mehr sauber, und Sauberkeit, Intonation, kann man mit Tonwolf nicht üben, das stimmt dann nicht mehr. Aber einfach für die Fingerfertigkeit geht's. Meine Hauptzeit zum Üben war meist der Nachmittag, und am meisten geübt habe ich, wenn schlechtes Wetter war und ich mit den Kindern nicht raus konnte.

Ich habe immer versucht, mit meinen Kindern viel Zeit zu verbringen. Wir haben ein gutes Verhältnis zueinander, auch heute noch, das ist schon schön. So selbstverständlich ist das gar nicht, denn in der ersten Zeit hat ihr Vater immer gegen mich gehetzt, immer versucht, sie auf seine Seite zu ziehen. Das hat er dann erst so nach und nach ein bißchen eingestellt, eben als er dann eine neue Frau hatte. Solange er nicht verheiratet war, hat er laufend quergeschossen, ohne Rücksicht darauf, was er damit auch den Kindern antut. Diesen unterschwelligen Streß hatte ich immer, jahrelang. Letzten Endes, heute kann ich das in Ruhe sagen, haben die Kinder das alles gut weggesteckt. Ich glaube, es war ganz wichtig, daß sie zu zweit waren.

Im Laufe der Jahre konnte ich mich mit meinem Ex-Mann auch relativ gütlich einigen. Anfangs war es ja noch so, daß er sie bei mir abgeholt hat. Da gab es dann spätestens nach einer halben Stunde Knies zwischen uns, seine alten Verhaltensweisen kamen auf und meine Gereiztheit darüber, wie selbstherrlich er sich benimmt. Also das ging schon innerhalb einer halben Stunde. Da war es einerseits auch ganz gut, daß die Kinder das mitbekamen. Zum Beispiel wenn Henrike mich manchmal fragte: „Warum kommt ihr nicht wieder zusammen? Eigentlich ist Papa doch ganz nett." Ich glaube, Kinder fragen so etwas öfter, wenn Eltern geschieden sind und sie noch viel Kontakt zum anderen Elternteil haben. Ja, da kamen wohl schon so Gedanken bei den Kindern, wir würden vielleicht doch wieder zusammenkommen. Dann konnte ich sagen: „Bitte, wollt ihr das etwa jeden Tag haben, was sich hier in der ersten halben Stunde abspielt, wenn Vater euch abholt? Diesen Knatsch gibt es automatisch, das kann ich nicht verhindern. Er wird immer versuchen, mir Anweisungen zu geben, was ich machen soll und was ich lassen soll, und das ertrage ich nicht. Darauf werde ich immer und immer wieder sauer reagieren, und wir werden uns wohl beide nicht mehr ändern."

Aber ihr Verhältnis zum Vater ist gut. Er ist ja auch okay; ich meine, daß wir nicht miteinander auskommen, muß schließlich nicht heißen, daß er ein schlechter Mensch ist. Wir können eben nicht miteinander, aber mit den Kindern geht's gut. Das hat mich sogar manchmal auch ein bißchen eifersüchtig gemacht, wenn ich gesehen habe, daß sie doch sehr viel von ihm übernehmen. Aber es ist schließlich ihr Vater, und eigentlich muß ich froh sein, daß sich das alles so normal eingespielt hat. Mit mir haben sie eben den ganzen Alltagsstreß und mit Vater Freizeit, Ferien, Hobbies. Das ist wohl leider auch die Realität in vielen Familien, in denen die

Eltern zusammenleben. Ich denke, wir haben es alle miteinander ganz gut hingekriegt, wenn man bedenkt, wie die Situation war.

Damals wußte ich das natürlich alles noch nicht, daß es so positiv verlaufen würde. Zuerst waren das Jahre mit Vierfachstreß: die Ausbildung, die Prüfungen – und Musik allein ist oft schon Streß, auch wenn sie sich nachher schön anhört; dann natürlich die Kinder versorgen; dazu ein ständig querschießender Vater, der versucht, einen überall anzuschwärzen; und natürlich auch, daß kein Geld da war. Aber da sieht man mal, was man alles zuwege bringt, wenn man will.

Nach der Ausbildung kam die Stellensuche – ein Riesenproblem, denn damals begannen schon die ersten Streichungen der Städte im Kulturetat, und davon ist natürlich immer auch das Orchester betroffen. Meine erste Stelle war nur ein Aushilfsjob, ein städtisches Orchester, eher klein, in B. Da war ich heilfroh, daß ich das gekriegt habe, wenn auch das Anfangsgehalt nicht gerade üppig war: 1800 Mark netto, das war weniger als ein Volksschullehrer verdiente.Aber das Geld war ja für mich sowieso nie der ausschlaggebende Faktor gewesen. ich wußte von vornherein, daß ich mich mit der Entscheidung, Orchestermusikerin zu werden und meinen Lehrerjob an den Nagel zu hängen, finanziell nicht gerade verbessern würde.

Immerhin, ich hatte die Stelle, und da konnte ich von Glück sagen. Den Umzug nach B. habe ich in den drei Tagen gemanagt, als meine Kinder bei ihrem Vater waren. Als ich dann nach den Herbstferien die Kinder wieder abholen wollte, da wollte mein Mann sie zuerst gar nicht rausrücken. Also Henrike, die haben sie mir wieder mitgegeben, die war ja „nur" ein Mädchen, aber Anselm wollte er partout behalten. Um es genau zu sagen, waren die Kinder auch gar nicht bei ihm selbst, sondern bei seinen Eltern, und die haben Anselm dann im örtlichen Kindergarten angemeldet, praktisch um mir zu beweisen, daß man ihn nun endgültig zu behalten gedachte. Man muß sich das mal vorstellen: Ich hole die Kinder ab, habe eine Aushilfsstelle mit zwei Wochen Kündigungsfrist, soll mich bewähren, weil die Stelle ausgeschrieben wird, habe meinen ersten Arbeitstag in einem Orchester, wo sie, das nebenbei, sowieso nichts von Frauen hielten, und nun stehe ich da und kriege den Anselm nicht! Ich habe also in meiner Not mit Polizei und allem möglichen gedroht, und um mir weiteren Ärger zu ersparen, bin ich eine Woche später 400 km hin, habe den Anselm aus dem Kindergarten geholt und bin dann die 400 km wieder zurückgefahren, gerade rechtzeitig zum Abenddienst.

Orchester – das war bis vor kurzem noch eine reine Männerdomäne. Inzwischen bröckelt ja auch diese Bastion, es bewerben sich immer mehr qualifizierte Frauen, und über die Einstellung entscheidet letztlich eben doch die Qualifikation.

Aber mit Qualifikation hat es da, wie sonst auch, eben so seine eigene Bewandtnis. Das Vorspielen, die Soli, das alles ist reine Nervensache. Da ist jeder Nerv angespannt, das ist die totale Konzentration, wohl die schärfste Prüfungssituation, die es gibt. Ich bin zwar der Meinung, Frauen haben die besseren Nerven, aber die brauchen sie auch, denn da gibt es immer noch Männer, die können es einfach nicht ertragen, daß die attraktiven Stellen im Orchester, zum Beispiel erste Geige, also die Stimmführerpositionen, daß diese Stellen auch von Frauen besetzt werden. Das siehst du schon an der Stellenausschreibung, die ist dann männlich: „Wir brauchen einen Solocellisten, einen stellvertretenden Konzertmeister, einen Solohornisten" usw. Bei den Tuttistreichern ist es anders, da wird dann ausgeschrieben: „Eine zweite Violine, ein Cello" usw. Also die Frauen so mitten drin, das kann man gerade noch verkraften, da schreibt man die Stellen auch geschlechtsneutral aus, aber als Solistinnen? Da gibt es immer noch Männer, denen geht das gegen die Ehre. Und da wird dann schon mal gehüstelt oder geraschelt, und schon bis du irgendwie abgelenkt. Also so einen Psychoterror gegen Frauen gibt es schon, nicht nur bei den Berliner Philharmonikern. Das ging ja damals durch die Presse, und da wollte man es erst gar nicht glauben. Und bei den kleinen Orchestern spielte es sich damals, und oft auch heute noch, haargenau so ab.

Es wird langsam besser, denn die qualifizierten Frauen lassen sich nicht mehr mir nichts, dir nichts zurückdrängen. Aber die ersten Frauen hatten es verdammt schwer, außer frau macht sich zum niedlichen schwachen Dummchen. In einer verantwortlichen Position wohl kaum das Wahre!

Die Tagesorganisation war natürlich viel schwieriger als in meiner Lehrerinnenzeit. Wie gesagt, ich hatte niemals Glück, in einem Ort zu wohnen, in dem es etwas anderes als diese schrecklichen Zwölf-Uhr-Kindergärten gab. Also ich mußte auch wieder jemanden einspannen, der die Kinder abholte und bei dem sie so lange bleiben konnten, bis ich wieder zurückkam. Meine tägliche Probenzeit ging von 10 bis 1/2 1 oder 1, da war ich also mit dem Zwölf-Uhr-Kindergarten mehr als eine Stunde überfällig. Die Proben sind wöchentlich etwa viermal, und es gibt etwa vier Abendvorstellungen. Aber es ist jede Woche anders, und es ist nie ein richtiger Rhythmus drin, immer eine gewisse Unregelmäßigkeit, mal sonntags, mal samstags, mal unerwartete Vertretung, also es gab immer wieder Organisationsschwierigkeiten. Und Hobbies oder Vereine, Bürgerinitiativen oder irgendeine politische Arbeit, also alles, was abends stattfindet, ist enorm schwierig. Ein solcher Beruf hat dich in der Klammer – das muß man eben vorher wissen. Und man ist auch an Feiertagen voll ausgebucht, gerade dann.

Als die Kinder klein waren, hatte ich für sie natürlich immer einen Babysitter. Und dieser Babysitter mußte verläßlich sein, da gab es nichts. Wenn der Junge den Bus verpaßt hatte und nicht rechtzeitig kam, dann mußte ich eben trotzdem weg. Zwanzig Minuten vor Beginn der Vorstellung muß man im Theater sein, fünf Minuten vorher im Orchestergraben sitzen und stimmen – und dann kann man nicht zehn Minuten später angehechelt kommen und sagen: „Tschuldigung, mein Babysitter hat den Bus verpaßt!"

Ja, und so ein Abend, das ist schon manchmal eine starke Anspannung. Es gibt zwar auch Stücke, da muß man sich nicht besonders anstrengen, aber dafür andere, bei denen man sich um so mehr konzentrieren muß. Wenn man dann sogar ein Solo hat oder eine ganz schwierige Stelle, und die kommt vielleicht erst so am Schluß des Stücks, dann ist man den ganzen Tag irgendwie kribbelig und angespannt, und wenn es dann vorüber ist, dann bist du erst mal fertig. Dann hat man natürlich noch Lust, hinterher mit den anderen zu sitzen und vielleicht ein Bier zu trinken, die Nerven brauchen immer eine ganze Weile, bis sie von der Spannung wieder runter sind. Na ja, und statt dessen flitzt dann die alleinerziehende Mutter schleunigst nach Hause, um den Babysitter zu befreien. Und statt bei einem Bier zu sitzen, habe ich meine Nerven dann damit beruhigt, daß ich die Wäsche aufgehängt habe, das Zeug für den anderen Tag gerichtet und vorgekocht habe usw. Dabei bin ich wahrhaftig alles andere als eine begeisterte Hausfrau, aber zum Nervenberuhigen muß das dann ‚nolens' herhalten.

Also, sich die Zeit einzuteilen und ganz rationell damit umzugehen, das lernt frau automatisch, wenn sie in so einem Beruf arbeitet und auch noch Kinder hat. Wenn ich so die anderen Frauen beobachtet habe, die den ganzen Tag zu Hause waren mit ihren Kindern, dann habe ich fast Anfälle gekriegt, wie unrationell und unsystematisch die ihren Kram erledigt hatten – und trotzdem haben sie nie Zeit – oder vielleicht gerade deshalb. Ich wünschte allen Hausmütterchen mal, daß sie den Streß mitmachen von berufstätigen Müttern, dann könnten sie endlich mal lernen, vernünftig mit ihrer Zeit umzugehen.

Aber trotz allem: Nie in meinem ganze Leben hätte ich mit einer Hausfrau tauschen wollen, wenn ich auch manchmal gedacht habe: Soviel Zeit zu haben, bloß Haushalt und Kinder, also alleine von der vielen Zeit her wäre es schon mal ganz schön. Aber ich weiß, daß ich dann verrückt würde. Und ich glaube, daß man das sowieso irgendwann mal vorgehalten kriegt, auch von seinen Kindern, daß man letzten Endes nicht viel mehr kann als kochen und staubsaugen, denn das von früher verlernt sich, langsam, aber stetig.

Nun ja, die Gefahr, daß ich Hausfrau werde, besteht für mich sowieso nicht – hat übrigens auch nie bestanden. Höchstens daß ich arbeitslos werden könnte, und das bereitete mir damals schon eine ziemliche Angst. Ich hatte ja immer noch nur diese Aushilfsstelle und war inzwischen schon dreiunddreißig, und mit fünfunddreißig wird bei Orchestermusikern dicht gemacht. Also ich mußte mich beeilen, und nun habe ich mich also auf alle möglichen Stellen beworben – alle möglichen, das hört sich jetzt nun mehr an, als es war. Die Möglichkeiten waren nämlich ziemlich begrenzt, denn damals gab es schon die erste Rezession, und in einigen Städten wurden Orchesterstellen gestrichen oder auch nicht aufgestockt. Nun, und da fragt sich natürlich: Was macht eine arbeitslose Cellistin?

Dann versucht man eben erst, sich mit Stundengeben zu retten. Man kann auch an Musikschulen unterrichten, aber das Gelbe vom Ei ist das natürlich nicht, wenn man diesen Beruf ergriffen hat, um in einem Orchester zu spielen. Dann wär ich ja wieder Lehrerin gewesen.

So, und nun wieder bewerben, vorspielen. Das ist die schlimmste Streßsituation, die man sich überhaupt vorstellen kann, schlimmer als jedes Konzert später. Da darf man sich keine Sekunde aus der Gewalt haben, da bleibt kein Gedanke mehr: ‚Was heckt denn jetzt dein Ex-Gatte wieder aus? Hoffentlich machen die Kinder keinen Unsinn, hoffentlich fällt heute keine Schulstunde aus!' Na ja, das ist eben die Anspannung, und das macht auch das Tolle an diesem Beruf aus, wenn man sieht, daß man es geschafft hat.

Dann habe ich mich auch hier in M. beworben, da kam ich auch in die engere Wahl. Vorher hatte ich mich noch ein bißchen aufgemöbelt, war noch mal bei meinem alten Lehrer gewesen, und der hatte drei Tage viel Zeit für mich. Wir haben ganz intensiv geübt. So kam ich also frisch gebügelt und gestriegelt und gut vorbereitet in dieses Probespiel und habe es dann auch geschafft. Die wollten eigentlich überhaupt keine Frau haben, das habe ich aber erst später erfahren.

Außer mir waren nur ältere Männer dort. Na ja, ich war wohl für die so etwas wie die absolute und letzte Notlösung. Die haben mich in Kauf genommen, weil einfach keine besseren oder gleich guten männlichen Bewerber da waren. Das wollten sie ihrem Orchester dann doch nicht antun. Und um mein Selbstwertgefühl nicht gerade in den Himmel wachsen zu lassen, haben sie mir dann bedeutet, sie hätten mich „aus sozialen Gründen" genommen. Das ist so, als würde man heute zu einer Frau sagen: „Daß Sie die Stelle bekommen haben, verdanken Sie nur der Quotierung, wir waren ja schließlich verpflichtet, eine Frau zu nehmen." Also so etwas zieht das Selbstwertgefühl ganz schön runter. Dabei wußte ich genau, das mit den sozialen Gründen war der reine Blödsinn.

Sie haben dann so peu à peu versucht, mich zurückzudrängen. Das Probejahr hatte ich zwar bestanden, aber man machte mir das Leben nicht gerade leichter. Ich bin da eingestiegen mit einer Wagner-Oper, dem „Tannhäuser", also ein ziemlich schweres Stück. Es waren eigemtlich alles schwere Einstiegswerke, aber ich habe es zur Zufriedenheit des Orchesters geschafft in dem Probejahr. Ich hatte natürlich wahnsinnig gebangt, denn ich wußte ja, daß ich auch Fehler gemacht hatte, und von der Stimmung im Orchester hatte ich schon mitbekommen, daß ich da nicht so sehr gut aufgenommen worden war. Einige waren regelrecht gegen mich gewesen und hatten vorgeschlagen, sich doch noch mal ein paar andere Männer anzuhören, bevor man mich nahm. So, und da saß ich dann wie ein zitterndes Nervenbündel während der Abstimmungen im Treppenhaus und erwartete meinen Schiedsspruch.

Ich war die erste Frau in diesem Orchester an einem „ersten Pult". Das ganze Orchester war ein wahrer Männerverein, der sich von einer Frau nur gestört fühlt. Da gab es zum Beispiel ein übles Gehakel, als eine Oboenstelle zu besetzen war und beim Probespiel nur drei Frauen übrigblieben, weil die wirklich absolut besser waren. Alle Holzbläser wollten keine Frau. Da gab es nun am Schluß ein hartes Kopf-an-Kopf-Rennen zwischen einem Mann und einer Frau, und die Frau war einfach besser.

Bei Soli kommt es auf das emotionale Polster an. Da braucht einer bei der Probe neben dir dann nur mal zu kichern, und du denkst: ‚Um Himmels willen was hast du jetzt schon wieder falsch gemacht?' Oder dein Nachbar zuckt, tut so, als würde er umblättern, und schon verpaßt du um eine Millisekunde deinen Einsatz. Oder du setzt zu früh ein, je nachdem. Man muß sich sehr in der Gewalt haben, unheimlich diszipliniert sein, denn man muß auf engstem Raum mit Leuten arbeiten, mit ihnen bei der Arbeit harmonieren, auch wenn man sie in Grund und Boden wünscht. Wenn dann einer neben dir sitzt und gibt dir extra falsche Einsätze oder hüstelt, dann mußt du dich eben noch mehr konzentrieren, als das ohnehin schon nötig ist. Du kannst keinen Dampf ablassen. Und der Ärger hebt deine Lebensfreude natürlich auch nicht gerade.

Das hört sich jetzt alles arg negativ an. Es gab aber immer auch noch andere Musiker, die sich sehr kollegial verhalten haben. Trotzdem, man kann an einem Orchester genau studieren, wie sich so eine eingefleischte Männerwelt durch starke Frauen bedroht fühlt. Frauen, die sich sanft, demütig und unterwürfig verhalten, die haben natürlich schnell Sympathien. Aber wehe, es fällt eine aus dieser Rolle raus!

Aber das ändert nun alles nichts daran, daß es ein toller Beruf ist, ich bereue es keinen Tag, daß ich den Lehrerinnenberuf aufgegeben habe. Sicher hätte ich damit ruhiger leben können, aber was nützt mir die ganze Ruhe und Sicherheit, wenn ich einen Beruf ausübe, den ich nicht mag? Daß Musik Freude macht, das ist klar, da braucht man gar nicht zu reden, das weiß wohl jeder. Aber daß man da auch so eiserne Nerven braucht, so eine Disziplin, das stellen sich viele doch nicht vor. Für mich war das keine Überraschung, ich bin ja mit der Musik aufgewachsen. Worauf ich nicht gefaßt war, nicht in dem Ausmaß, das war diese frauenfeindliche Einstellung in manchen Orchestern. Aber auch damit lernt frau zu leben. Und man kann sich natürlich in der Hoffnung wiegen, daß das von Jahr zu Jahr besser wird. Es wird auch tatsächlich besser, da immer mehr Frauen in die Orchester strömen, so daß das Miteinander-Umgehen einfach normaler wird. Und lustigerweise sind es fast nur die Männer, die untereinander tuschelnd etwas aushandeln, fast nie Frauen.

Ich habe aber immer versucht, mein soziales Engagement in die Tat umzusetzen. Jetzt arbeite ich in einer Bürgerinitiative mit, da muß ich versuchen, das irgendwie mit meiner vereinsunverträglichen Arbeitszeit zu arrangieren. Ich kann eben nicht bei allen Treffen dabeisein, aber ich bleibe trotzdem dran. Ich bin nicht so eine Sorte Künstlerin, die nur der Musik lebt und alles andere um sich herum vergißt. Für diese Bürgerinitiative zum Beispiel mache ich die Pressearbeit, als Ausgleich dafür, daß ich an vielen Aktionen, besonders an den organisatorischen Vorbereitungen, nicht teilnehmen kann und das alles den anderen überlassen muß. Das mache ich ausgesprochen gerne, und es lenkt mich ab von den Orchester-Intrigen.

Eine tolle Ablenkung war natürlich auch, als ich mir hier dieses Haus gekauft habe, da habe ich unheimlich viel Arbeit hineingesteckt und Phantasie. Ich bin ganz stolz auf mich, daß ich das alles alleine zuwege gebracht habe, die Verträge, die Umbaupläne, die Handwerksarbeiten, mit so etwas hatte ich mich vorher nur wenig beschäftigt. Und natürlich der Garten. Wenn man also davon ausgehen kann, daß jeder ein Hobby hat, dann ist es bei mir die Gartenarbeit.

Also es ist ein schöner Beruf, wirklich, und es war eine richtige Entscheidung. das wird auch nicht dadurch relativiert, daß ich diesen Beruf wohl nicht bis zum Ende meiner Berufsjahre ausüben werde, aus gesundheitlichen Gründen vielleicht ganz aufgeben muß. Inzwischen geht es mir wie vielen anderen Musikern auch, ich werde von den typischen Krankheiten heimgesucht, die der Preis sind, den manche für diesen Beruf zahlen: Rückenschmerzen, Sehnenscheidenentzündung. Gymnastik und Wickel helfen nur bis zu einem gewissen Grad, bei einem bißchen Glück wenigstens so weit, daß die Spielfähigkeit erhalten bleibt.

Jetzt in den Vierzigern, bin ich dabei, meine dritte Berufsausbildung zu absolvieren: Ich studiere zusätzlich Betriebswirtschaft mit dem Ziel ‚Kulturmanagerin'. Da könnte ich auch mein organisatorisches Talent, andere Seiten meiner Begabung, Erfahrungen..., einfach mehr Persönlichkeit einbringen. Das hätte auch noch den Vorteil, daß ich mich finanziell verbessern würde – und den Nachteil, daß ich Haus und Garten im Stich lassen müßte.

Aber ich glaube, das gehört auch dazu, rechtzeitig zu erkennen, wann Geist, Seele und Körper bereit sind, neue Wege zu gehen, intensiver zu leben, etwas zu bewirken. Die Kinder sind groß, ich bin flexibel, warum soll ich da nicht noch einmal was Neues anfangen?

Übrigens: Die Hoffnung auf eine zärtliche Partnerschaft habe ich noch nicht aufgegeben – und da ich überhaupt nicht lesbisch bin, soll's ein Mann sein. Allein alt werden ist für mich kein erstrebenswerter Zustand.

Einige Fakten über Alleinerziehende in West und Ost

Über Alleinerziehende ist in den letzten Jahren viel geschrieben worden – kein Wunder, denn ihre Zahl wächst seit mehr als zwanzig Jahren ständig an. Sie sind „entdeckt" worden von der Wissenschaft, von den Kirchen, von Sozialarbeitern und von Psychotherapeuten. Und jeder, der über sie schreibt, bringt seine spezielle Sichtweise: Wer Ehe und gemeinsame Elternschaft aus religiösen oder ideologischen Gründen prinzipiell befürwortet, wird sich schwertun, die positiven Seiten des Alleinerziehens überhaupt zu erkennen; wer als Therapeut, als Sozialpädagoge oder als Sozialarbeiter in Alleinerziehenden eine Klientel sucht oder gefunden zu haben glaubt, wird Hilfsbedürftigkeit, vielleicht gar Inkompetenz von Alleinerziehenden herausfiltern, denn nur so ließe sich ein Handlungsbedarf rechtfertigen; andererseits: wer Ehe und Kleinfamilie von vornherein – sei es aus eigener Erfahrung, sei es aus Kenntnis und Analyse einschlägiger Studien – mit einer gewissen Skepsis betrachtet, wird Alleinerziehen ehe unter dem Aspekt der Befreiung und der Eigenständigkeit beschreiben.

„Arm, überlastet und bedauernswert" – das ist das eine Klischee, mit dem man heute Alleinerziehenden begegnet, „egoistische Emanze" das andere. Schmeichelhaft sind beide nicht, sollen sie natürlich auch nicht sein. Klischees sollen verletzen, stigmatisieren, auch – oder gerade – wenn sie unter dem Deckmantel gönnerhafter Herablassung einherkommen.

Alleinerziehende – geht es ihnen wirklich so schlecht, wie immer behauptet wird – oder sind es Karrierefrauen „Emanzen", gut verdienende Frauen, die sich ein Kind „leisten" können?

Tatsächlich sind Alleinerziehende eine Gruppe von sehr ungleichen Menschen – wie könnte es auch anders sein angesichts der Tatsache, daß es sich um mehr als eine Million Menschen handelt, die nur einen einzigen gemeinsamen Nenner haben: Sie leben mit ihrem Kind zusammen, ohne ihre Wohnung und ihren Haushalt mit einem Partner bzw. mit einer Partnerin zu teilen (oder teilen zu müssen).

Einige Fakten sollen im folgenden Unterschiede und Gemeinsamkeiten zeigen:

In der Bundesrepublik – damit sind hier die „alten" Bundesländer gemeint, da für die neuen Bundesländer bisher nur teilweise die entsprechenden Daten vorliegen -, in der „alten" Bundesrepublik gibt es fast eine Million Alleinerziehende mit ca. 1,25 Millionen Kindern. Die meisten Alleinerziehenden sind Frauen; 16 Prozent der Alleinerziehenden sind Männer.

Alleinerziehende sind fast immer Ein-Kind-Familien; nur etwas weniger als 20 Prozent haben mehr als ein Kind (zum Vergleich: bei Ehepaaren sind es ca. 36 Prozent).

Die Mehrheit der Alleinerziehenden ist geschieden oder lebt dauernd vom Ehepartner bzw. von der Ehepartnerin getrennt; ein Viertel der alleinerziehenden Mütter ist ledig, ein Zehntel (Mütter und Väter zusammen) ist verwitwet.

Bei mehr als zwei Dritteln der Scheidungen wird der erste juristische Schritt von der Frau getan. Aus Untersuchungen geht hervor, daß auch bei ledigen Müttern die Entscheidung, den Vater des Kindes nicht zu heiraten, häufiger von den Frauen als von den Männern getroffen wird.

Exakte amtliche Zahlen darüber, wie viele alleinerziehende Mütter und Väter mit einem anderen Partner bzw. einer anderen Partnerin unverheiratet zusammenleben, gibt es nicht, ebensowenig wie es genaue Angaben über die Zahl der ledigen Mütter gibt, die mit dem Vater ihres Kindes in nichtehelicher Lebensgemeinschaft wohnen. Geschätzt werden beide Gruppen auf 15-25 Prozent.

Statistiken sind immer Momentaufnahmen. Sie sagen nichts aus über Fluktuationen, nichts über tatsächliche Veränderungen der Familienformen. Diese rund eine Million alleinerziehende Mütter und Väter sind keine statische Gruppe, und auch die etwa sechs Millionen verheirateter Eltern sind es nicht: Man kann davon ausgehen, daß mindestens ein Viertel der verheirateten Mütter in ein paar Jahren alleinerziehend sein wird, dagegen wird ein großer Teil der jetzt Alleinerziehenden in einigen Jahren (wieder) verheiratet sein. Rechnet man ledige Mütter mit, so ergibt sich als Faustregel: Jede dritte Mutter ist derzeit im Laufe ihrer Familienbiographie, d. h., bis ihr jüngstes Kind achtzehn Jahre alt ist, mindestens einmal über einen längeren oder kürzeren Zeitraum alleinerziehend. Alleinerziehend zu sein ist also „normal" – keine Ausnahme, keine Besonderheit mehr.

In den letzten Jahren ist in der Öffentlichkeit der Eindruck erweckt worden, alleinerziehende Mütter seien besonders arm und materiell schlecht gestellt. Tatsächlich werden sie, wie auch alleinerziehende Väter, im Steuerrecht (und auch in anderen Bereichen) finanziell diskriminiert. Andererseits kann man aber nicht pauschal „alleinerziehend" mit „arm" gleichsetzen. Alleinerziehende Mütter gehören von Herkunft und Ausbildung häufiger der Mittelschicht an als verheiratete; ledige Mütter sind z. B. Frauen mit überdurchschnittlichen Schul- und Ausbildungsabschlüssen. Untersuchungen aus Frankreich, den USA und auch einzelne aus Westdeutschland zeigen denn auch, daß ledige Mütter besonders dann, wenn sie ledig bleiben – d. h. ihre Erwerbsbiographie nicht der eines (Ehe-)Mannes anpassen, sondern ohne Unterbrechung berufstätig bleiben -, im Laufe der Jahre weit höhere Einkommen und bessere Berufspositionen einnehmen als verheiratete oder geschiedene Mütter. (Daher wohl auch ihr Karrierefrau-Image.)

Die schlechte Einkommenssituation vieler alleinerziehender Frauen läßt sich vor allem auf drei Faktoren zurückführen:

– Mehr als 40 Prozent von ihnen sind nicht erwerbstätig,

sondern noch im Studium, in der Ausbildung, in einer Umschulung oder arbeitslos.
- Nur 34 Prozent aller alleinerziehenden Mütter arbeitet vollzeit, der Rest, sofern überhaupt erwerbstätig, teilzeit.
- Sie haben meist, wie andere Frauen auch, „typische" Frauenberufe, die schlechter als vergleichbare „Männerberufe" bezahlt werden.

Die Unterhaltssituation der Kinder sieht besonders schlecht aus: Nur etwa ein Drittel der Väter zahlt den Unterhalt regelmäßig und in voller Höhe, ein weiteres Drittel zahlt unregelmäßig oder zu wenig, ein letztes Drittel zahlt gar nichts. Die Zahlungsmoral unterhaltsverpflichteter Mütter, deren Kinder nach der Scheidung beim Vater leben, ist übrigens auch nicht besser.

Interessant sind noch einige Einzelaspekte zu ihrer sozialen Situation.

Je länger Frauen verheiratet waren, desto schwerer fällt es ihnen, sich mit dem Status „alleinerziehend" positiv zu identifizieren. Andererseits: Je länger eine Frau alleinerziehend ist, desto geringer wird ihre (Wieder-)Heiratsneigung, jedenfalls im statistischen Durchschnitt. Frauen, die lange mit ihrem Kind alleine gelebt haben, bevorzugen meist bei neuer Partnerschaft getrennte Wohnungen oder nichteheliche Lebensgemeinschaft.

Entgegen ihrer vorgefaßten Meinung entdeckten Forscher bei genauerem Hinsehen, daß alleinerziehende Frauen nicht, wie angenommen, weniger, sondern daß sie mehr soziale Kontakte und signifikant mehr Freundinnen und Ansprechpartner bei Problemen hatten als verheiratete Mütter – und das, obwohl die Kontrollgruppe der Verheirateten ebenfalls aus erwerbstätigen Frauen bestand.

Und auch die „Doppelbelastung", von der bei erwerbstätigen Frauen so viel die Rede ist, sieht bei alleinerziehenden Müttern anders aus. Zwar führen sie nicht gerade ein ruhiges, bequemes Leben. Vergleiche aber mit verheirateten Müttern ergaben Erstaunliches: Verglich man Zeitbudgets alleinerziehender Mütter mit denen verheirateter, so zeigt sich, daß bei gleicher beruflicher Wochenarbeiszeit alleinerziehende mehr Zeit für sich und ihre Kinder hatten und weniger Zeit mit Hausarbeit verbrachten (bei Einhaltung der Mittelschicht-Standards) als verheiratete Mütter. Der Grund: ihr Haushalt ist kleiner, besteht aus weniger zu versorgenden Personen, oder – deutlicher ausgedrückt – es fehlte der zu versorgende Ehemann.

Neue Bundesländer

Will man die Situation Alleinerziehender in den neuen Bundesländern beschreiben, so muß man zunächst etwas über Frauen in der DDR sagen – denn Alleinerziehende, das waren in der DDR zu 99 Prozent Frauen.

In der DDR waren 91 Prozent aller Frauen im erwerbsfähigen Alter, auch wenn sie Kinder hatten, erwerbstätig. Bis auf ganz geringe Ausnahmen hatten alle Mütter (ob verheiratet oder nicht) ein eigenständiges, existenzsicherndes Einkommen, dagegen nur etwa 8 Prozent der verheirateten Mütter in der (alten) Bundesrepublik; die anderen sind, auch als Berufstätige, vom Einkommen ihrer Ehemänner abhängig.

Es gab praktisch ein flächendeckendes Netz an Kinderbetreuungseinrichtungen; in der alten Bundesrepublik sind nur für ca. 2 Prozent der Krippen- und für ca. 3 Prozent der Hortkinder Betreuungsplätze vorhanden.

In der DDR wurden erheblich mehr Kinder als in der (alten) Bundesrepublik nichtehelich geboren, 52 Prozent aller Erstgeborenen waren nichtehelich (alte Bundesrepublik: 12 Prozent); die Scheidungsrate war wesentlich höher, aber auch die (Wieder-)Heiratsquote.

Trotz gleichberechtigter Erwerbstätigkeit der Mütter war in der DDR, so der „Frauenreport ‚90“, die finanzielle Situation von Einelternfamilien schlechter als die „vollständiger“

Familien (und auch, obwohl Unterhaltsverweigerung nichtsorgeberechtigter Väter praktisch kaum möglich war). Im „Frauenreport" heißt es weiter: „Die überwiegend auf vollständige Familien ausgerichtete Lebensweise der DDR ließ für diese ‚Restfamilien' im allgemeinen wenig Raum. Das größte Problem vieler alleinerziehender Mütter war deshalb, einen passenden Partner zu finden." Als ich diesen Satz auf einer Tagung mit Frauen aus den neuen Bundesländern vorlas, haben einige schallend gelacht. Wie dem auch sei, seit der Wende haben sie vor allem ein Problem: bezahlte Arbeit zu finden.

Denn die Situation der Frauen, und damit auch natürlich der Alleinerziehenden, hat sich seit der Wende drastisch verändert. Vor allem von westlicher Seite wurden zunächst einmal die Standards der Kinderbetreuungseinrichtungen kritisiert, mit dem Ergebnis (und dem Ziel), daß Kitas nicht etwa verbessert, sondern abgebaut wurden. Das unvermeidliche Resultat: Vereinbarkeit von Kind und Beruf, bis dahin kaum ein Thema, wurde für viele zu einem Problem, zwar noch nicht im gleichen Ausmaß wie im Westen, aber doch in einem bis dato unbekannten Maß.

Bereits kurz nach der Wende waren mehr als die Hälfte der Arbeitslosen Frauen, und es zeichnete sich ab, daß besonders Frauen mit kleinen Kindern kaum Chancen hatten, wieder einen Arbeitsplatz zu finden. Ob dies alleinerziehende mehr traf als verheiratete Mütter, kann bisher noch nicht abschließend gesagt werden. Einzelne Umfragen (z. B. in Brandenburg) zeigten, daß beide Gruppen gleichermaßen betroffen waren, daß die Arbeitslosenquote alleinerziehender – entgegen der üblichen Annahme – sogar niedriger war als die verheirateter Frauen mit Kindern gleichen Alters.

Immerhin hatten die Frauen in den neuen Ländern sehr schnell gelernt, daß Kinder in einer marktwirtschaftlich orientierten Industriegesellschaft das Arbeitsmarkthandicap Nummer eins sind – und sie richteten sich entsprechend ein:

Seit der Vereinigung ging die Zahl der Geburten um mehr als die Hälfte zurück.

Wie es für die Frauen in den neuen Ländern weitergehen wird, ist bisher noch nicht abzusehen. Einiges weist darauf hin, daß sich die Hoffnung vieler (West-)Politiker, die Frauen, in der DDR zur Arbeit „gezwungen", würden mit Freuden ihre Arbeitsplätze räumen, Hausfrau oder – als Alleinerziehende – Sozialhilfeempfängerin werden, nicht erfüllt hat. Zu selbstverständlich war den meisten ihre Erwerbstätigkeit geworden, als daß sie sich widerstandslos zurückdrängen lassen. Eine alleinerziehende Mutter aus Dresden: „Wir wollen keine Almosen, wir wollen Arbeit – auch als Mütter!"

Quellen:

Statistische Jahrbücher der Bundesrepublik Deutschland. Hrsg.: Statistisches Bundesamt (div. Jahrgänge).

Bundesministerium für Jugend, Familie, Frauen und Gesundheit (Hrsg.): Alleinerziehende Mütter und Väter. Eine Analyse der Gesamtsituation. Bearbeitung: Erika Neubauer. Stuttgart 1988.

FALUDI, Susan: Backlash. The Undeclared War Against American Woman. New York 1991 (dtsch.: Die Männer schlagen zurück, Reinbeck 1993).

GUTSCHMIDT, Gunhild: Kind und Beruf. Alltag alleinerziehender Mütter. Weinheim 1986.

HEILIGER, Anita: Alleinerziehen als Befreiung. Pfaffenweiler 1991.

Mit Kindern leben

Waltraud von Tucher
Das Baby-Nest
Ein Kampf gegen Paragraphen und Lieblosigkeit
Band 4026

„Ein Buch voll mit Geschichten, die viel über die Bedürfnisse von Kinder mitteilen" (Bayerisches Fernsehen).

Roswitha Defersdorf
Drück mich mal ganz fest
Geschichte und Therapie eines wahrnehmungsgestörten Kindes
Band 4041

Daniel – ein scheinbar ganz normales Kind. Und doch ist er nicht in der Lage, Sinneseindrücke zu ordnen. Eine betroffene Mutter erzählt vom Weg der Therapie.

Werner Gross
Was erlebt ein Kind im Mutterleib?
Aktualisierte Neubearbeitung
Band 4051

Was man tun kann, um die seelische Entwicklung und die Erlebnisfähigkeit des Kindes bereits vor der Geburt positiv zu beeinflussen.

Rudolf Dreikurs/Loren Grey
Kinder lernen aus den Folgen
Wie man sich Schimpfen und Strafen sparen kann
Band 4055

Ein Erziehungsstil, der Kindern frühzeitig dazu verhilft, eigenständige Erfahrungen zu sammeln und mit Freiheit richtig umzugehen.

Rüdiger Rogoll/Ulrike und Christa Marwedel
Ich mag mein Kind – mein Kind mag mich
Transaktionsanalyse für Eltern
Band 4095

Gelassenheit und Freude im Umgang mit Kindern: Erziehung kann zum Spiel werden in einem Team von Partnern. Eine verlockende Pädagogik.